政党助成金、

安倍自民党本部主導選挙・河井議員夫妻
「1億5千万円買収事件」から

まだ続けますか？

上脇博之

日本機関紙出版センター

はじめに

〝政党助成金〟は政党助成法に基づいて「政党」に交付されており、同法では〝政党交付金〟と呼ばれています。政党交付金は税金が原資です。その政党交付金が2019年7月の参議院議員通常選挙（参院選）で大勢の有権者や運動員を買収する原資となりました。それが自由民主党（自民党）の河井克行・案里夫妻らによる〝多数人買収〟事件です。国民の血税の一部が、あろうことか、選挙の買収に投入され、〝選挙の公正〟が害されたのです。

その買収資金は河井夫妻のポケットマネーではなく、自民党本部からの政治資金でした。河井議員夫妻の二つの党支部は、〝参院選のために〟自民党本部から、なんと**計1億5000万円**という異常に高額な（他の多くの自民党公認候補者の約10倍の）資金を受領し、そのうちの**計1億2000万円が政党交付金**だったと報告書に記載したからです（2019年の1年間だともっと金額は増え政治資金計1億7150万円。そのうち政党交付金は計1億4100万円）。これは多数人買収がなされた選挙運動が自民党本部主導だったことも意味しています。

ところが、この事件が発覚して以降、安倍晋三自民党総裁（当時）は何ら説明責任を果たしていません。それどころか、事件発覚前とはいえ、安倍晋三内閣総理大臣（総理・首相）は、その参院選後に河井克行衆議院議員を法務大臣に抜擢しましたが、何ら任命責任をとっていません。安倍氏は2020年8月28日夕の記者会見で首相を辞任すると表明しましたが、辞任理由は病気であり、任命責任ではありませんでした。自民党総裁も辞めましたが、それは河井夫妻を公認した責任をとったわけでもありません。納税者の主権者国民にとっては踏んだり蹴ったり状態です。これに怒り、今後、自民党への寄付者が減少し、自民党から離党する党員もあるでしょうが、自民党は政党助成法を廃止する気が毛頭ないようで政党交付金を受け取り続けていますし、所属議員からも廃止の声は一切聞こえてきません。

政党交付金の根拠法である政党助成法が制定されたのは1994年の「政治改革」でした。政党助成制度は〝政治腐敗の防止のため〟との理由でその導入を正当化する主張も当時ありましたが、これは政党助成を導入するための方便でした。現に、その後も、**「政治とカネ」のスキャンダル**は根絶されず、発覚し続けており、〝泥棒に追い銭〟状態です（詳細については、上脇博之『財界主権国家・ニッポン』日本機関紙出版センター・2014年、同『告発！政治とカネ』かもがわ出版・2015年、同『追及！安倍自民党・内閣と小池都知事の「政治とカネ」疑惑』日本機関紙出版センター・2016年を参照）

政党交付金の様々な問題については、6年半余り前に出版した**『誰も言わない政党助成金の闇』**で指摘しましたが、その後も、問題は発覚し続けています。本書の第1編では、同書出版後に発覚した諸事件に限定して紹介し、重大な問題点を指摘・解説します。第2編では、同書の解説の一部を残しながら政党助成における法理論的問題点、特に日本国憲法上の問題点を指摘し、また、野党連合政権が実現する可能性が高くなっていますから、従来の改革案に加え新たな改革案についても提案します。

ご一読いただき、日本の政治・行政を日本国憲法の要請するものへと本質的に変え、健全な議会制民主主義を実現する大きな一歩を踏み出すために本書を活用していただければ幸いです。

目次

第1編

政党助成金の
事実上の問題点
（事件編）

第1章　河井議員夫妻「多数人買収」事件の原資問題

第1節　『週刊文春』のスクープ報道

(1) 河井克行法務大臣(辞任)・案里夫妻の多数人買収

２０１９年９月11日、第４次安倍第２次改造内閣が発足し、安倍晋三総理は自民党の河井克行衆議院議員（広島３区）を法務大臣に任命しました。同議員は安倍首相の補佐官を務めた人物です。河井克行大臣の妻・河井案里氏は、内閣改造３カ月ほど前の参院選（２０１９年７月21日）に広島選挙区から立候補し当選した参議院議員であり、自民党の二階俊博幹事長の派閥に所属しています。

『週刊文春』（２０１９年11月７日号）がその参院選で案里候補の車上運動員13名を買収した事件をスクープ報道したため、河井克行議員は、大臣任命から２カ月も経過していない11月31日に法務大臣を辞任しました。

公職選挙法（公選法）は、「当選を得若しくは得しめ又は得しめない目的をもつて選挙人又は選挙運動者に対し金銭、物品その他の財産上の利益若しくは公私の職務の供与、その供与の申込み若しくは約束をし又は供応接待、その申込み若しくは約束をした」こと（第２２１条第１項第１号）を「買収」と定義しています。そして、同法は、「公職の候補者」「選挙運動を総括主宰した者」「出納責任者」という特定者（同条第３項）が買収を行うと、「４年以下の懲役若しくは禁錮又は１００万円以下の罰金に処する」と定めています（第２２１条第３項）が、買収を行った者が特定者以外の者の場

合には、「3年以下の懲役若しくは禁錮又は50万円以下の罰金に処する」と定めています（第221条第1項）

また、前述の特定者が、「財産上の利益を図る目的をもつて公職の候補者又は公職の候補者となろうとする者のため多数の選挙人又は選挙運動者に対し」買収した場合は、「6年以下の懲役又は禁錮に処する」と定めています（第222条第3項）が、「多数の選挙人又は選挙運動者に対し」買収したのが特定者以外の者である場合にはその者は「5年以下の懲役又は禁錮に処する」と定めています（第222条第1項）

なお、前述の「出納責任者」には、「公職の候補者又は出納責任者と意思を通じて当該公職の候補者のための選挙運動に関する支出の金額のうち……告示された額の2分の1以上に相当する額を支出した者」が含まれます。このような役割を果たしている者は〝実質的な出納責任者〟と表現できるでしょう。

また、公選法は「衆議院（比例代表選出）議員の選挙以外の選挙においては、選挙運動に従事する者（……、専ら……選挙運動のために使用される自動車……の上における選挙運動のために使用する者……に限る。）」については「一人一日につき政令で定める基準に従い当該選挙に関する事務を管理する選挙管理委員会（……）が定める額の報酬を支給することができる」と定め（第197条の2第2項）、これを受け、公職選挙法施行令は「報酬の額についての政令で定める基準」につき「専ら……選挙運動のために使用される自動車……の上における選挙運動のために使用する者」にあっては「一人一日につき一万五千円以内とする」と定めています（第129条第4項）

公職選挙法の買収の一覧

買収者	行為	罰則	公選法
下記「特定者」以外の者	買収行為	3年以下の懲役若しくは禁錮又は50万円以下の罰金	第221条第1項
特定者(「公職の候補者」「選挙運動を総括主宰した者」「出納責任者」)	買収行為	4年以下の懲役若しくは禁錮又は100万円以下の罰金	第221条第3項
上記・下記「特定者」以外の者	多数の選挙人又は選挙運動者に対し買収行為	5年以下の懲役又は禁錮	第222条第1項
特定者(「公職の候補者」「選挙運動を総括主宰した者」「出納責任者」)	**多数の選挙人又は選挙運動者に対し買収行為**	**6年以下の懲役又は禁錮**	**第222条第3項**

河井案里氏は2019年参院選で公選法のいう「公職の候補者」でした。その夫の河井克行氏は案里候補の選挙を統括していたので「選挙運動を総括主宰した者」でした。運動員報酬「1日3万円」は克行氏が決めた「河井ルール」と呼ばれていました。A氏は『週刊文春』の報道によると、2014年ごろ河井克行議員の事務所に入った「古株」の秘書で、2018年末まで克行議員の公設第二秘書を務め、同年暮れからは案里氏の選挙事務所で秘書となり、報道当時は案里議員の公設第二秘書でした。参議院選挙のときの河井陣営の経理担当者に選挙資金の処理の在り方を具体的に指示しており、公選法における実質的な「出納責任者」でした。

『週刊文春』報道によると、案里候補の選挙事務所には「裏帳簿」があり、それには、車上運動員(ウグイス嬢)への1日の報酬が法令の2倍である3万円と明記され、各車上運動員の報酬合計額が算定・計上され、車上運動員13名につき法令の報酬上限の2倍が支払われていました。

同選挙の経理を担当した女性秘書は『週刊文春』の記者の直撃取材に対して、複数の領収書を準備して車上運動員に1人1日3万円の日当を支払ったこと、それを指示したのはA氏であったことを認めました。したがって、A氏は公選法違反の多数人買収罪を犯したわけですが、これは、選挙資金を差配していた克行議員及び案里候補との共謀によるものとしか考えられません。

「裏帳簿」によれば、案里選挙事務所は、前述の運動員買収が発覚しないよう隠蔽するために、①参院選期間中、車上運動員13名には法令内の1日1万5000円を支払ったよう偽装するために7月21日付の「河井あんり選挙事務所」宛て領収書の但し書きには「車上運動員報酬」と各車上運動員に書かせ、②残りの額1日1万5000円については、参院選公示（7月4日）前の7月1日付の「河井あんり事務所」宛て領収書の但し書きに、選挙開始前の「人件費」と各車上運動員に書かせていたそうです。『週刊文春』の記者の取材に応じた車上運動員13名のうち9名は、参院選前には活動を行っていなかったと証言。つまり、2種類の領収書作成は買収を隠すための偽装工作だったことになります。

以上の車上運動員買収のほか、その後、案里氏は参議院選挙への立候補を表明した直後の広島県議会選挙（2019年3月29日告示、4月7日投票）の期間中に、県議会議員数名にそれぞれ50万円ほどの現金を手渡した（買収又は違法寄付）との報道（中国新聞2019年11月8日）、案里氏の党支部は参議院選挙で複数の陣営関係者に報酬を支払っていた（運動員買収）との報道（中国新聞2020年1月15日）、克行氏は無届の選挙運動員に計96万円を報酬として案里氏の政党支部を介するなどして渡したとの報道（中国新聞2020年3月1日）、克行氏自身の後援会の複数の幹部に現金を直接渡していたとの報道（中国新聞2020年3月27日）、広島地検は「配った相手や金額など示唆するリスト」を押収したとの報道もありました（「河井前法相夫妻がバラ撒いた1億5千万円の行方と『買収リスト』を東京地検が捜査へ」AERA dot. 2020年

3月28日21時13分）

2019年11月27日、私を含む研究者10名は、河井克行・案里夫妻と公設秘書Aの3名を公選法違反（第22条第3項の特定者の多数人買収罪および第246条第5の2号の選挙運動費用収支報告書虚偽記入罪）容疑で告発状を広島地検に送付しました。また、560名を超える大勢の広島市民も刑事告発するために告発状を広島地検に提出しました。

（2）案里議員公設第2秘書の〝有罪〟判決

広島地方検察庁（地検）は、2020年1月15日地元の河井両議員の事務所を家宅捜索。3月3日には両議員の議員会館事務所も家宅捜索し、また、案里議員の公設第二秘書（A氏）、夫・克行議員の政策担当秘書（B氏）、選挙当時陣営の事務局長の計3人を、無届け1名を含む車上運動員14名の買収の疑いで逮捕しました（「河井夫妻秘書ら3人逮捕　運動員買収疑い」中国新聞2020年3月3日）

広島地検は、3月24日A氏とB氏を起訴しました。ただし、多数人買収罪ではなく、単純買収罪（公選法第221条第1項）での起訴のようです。また検察はA氏につき広義の「出納責任者」ではなく「組織的選挙運動管理者」とみなしているようです。「百日裁判」が行われ、この裁判でA氏の禁固刑以上の有罪が確定すると案里議員に連座制が適用される裁判が行われて失職することになると報道されました（「案里氏秘書ら2人起訴　広島地検『百日裁判』申し立て、連座制適用なら失職」中国新聞2020年3月24日）

6月9日のA氏の公判で広島地検は懲役1年6月を求刑し、弁護人側は幇助にとどまるとして罰金刑が相当と主張し、裁判は結審（「【詳報】案里氏秘書公選法違反事件の公判　検察側の論告と弁護側の最終弁論」中国新聞２０２０年６月10日）。そして、同月16日、広島地裁は、案里議員の公設第二秘書Ａにつき判決において、「幇助犯」として罰金刑を訴えた弁護側の主張を退け、懲役１年６月、執行猶予５年を言い渡しました（「案里氏秘書に懲役刑判決　連座制適用対象で案里氏失職の可能性濃厚」中国新聞２０２０年６月16日）

被告人Ａは６月26日広島高裁に控訴しましたが、控訴審の広島高裁は８月31日、「自らの意思で主体的に違法な報酬の支払いを指示したと認められる」などと述べ、懲役１年６月、執行猶予５年とした一審判決を支持し、弁護側控訴を棄却しました（「河井案里被告秘書、控訴審も有罪　広島高裁『主体的に違法な報酬支払い指示』」毎日新聞２０２０年８月31日18時57分）

被告人Ａは９月10日最高裁に上告しました（「河井案里議員の秘書が上告　年内にも判決確定の見通し　河井夫妻の公選法違反事件」朝日新聞２０２０年９月10日12時20分）が、最高裁は11月25日付け決定で上告を棄却しました（「河井案里議員の連座制訴訟へ　最高裁が秘書の上告棄却」朝日新聞２０２０年11月28日10時44分）。Ａは、同月30日の期限までに異議申し立てをしなかったので、前述の刑が確定しました（「河井案里被告の秘書有罪確定　連座制で議員失職の可能性」スポニチ２０２０年12月２日５時30分）

この公設秘書Ａの有罪確定を受け、広島高検は12月21日、Ａが連座制の対象となる「組織的選挙運動管理者」に当たるとみて、公選法の連座制を適用し河井案里議員の当選無効を求める行政訴訟を広島高裁に起こしました。「百日裁判」で審理され、検察側の勝訴が確定すれば、案里議員は失職し、参議院広島選挙区での立候補が５年間禁じられることになります（「河井案里議員の当選無効求め提訴　連座制を適用、公設秘書有罪受け」中国新聞２０２０年12月21日15時53分）。同月23日公判は結審し、２０２１年１月21日に判決が言い渡されることになりました。

一方、河井克行議員の元政策秘書Bの第8回公判が12月21日、広島地裁であり、検察は、Bが案里陣営を仕切る河井克行被告人の右腕的存在で「実質的なナンバー2の立場にあった」と指摘し、共謀したAらに、選対本部の方針として法定上限を超える1日3万円と伝えるなどし、「違法報酬の支払いと密接に関連する重要な行為を自ら行っており、犯行に不可欠で重要な役割を果たした。選挙の公正を害した程度は著しく、厳正な処罰が必要」と断じ、懲役1年6月を求刑し、弁護側は無罪を訴え、結審しました。判決は2021年2月16日に言い渡されます（「克行被告元秘書、1年6月求刑　弁護側、無罪主張」中国新聞2020年12月21日23時23分）

（3）河井両議員夫妻も起訴

広島地検と東京地検特捜部は、河井議員夫妻の立件に向けて捜査を進め、3月3日広島地検は宿泊先のホテルにいた夫妻のスマートフォンを押収（「河井夫妻を任意聴取へ　スマホ押収、関与捜査―広島地検」時事通信2020年3月6日21時22分）。通常国会が閉会した翌日の6月18日、東京地検特捜部は夫の河井克行衆議院議員・前法務大臣と案里参議院議員を公選法違反（買収）の疑いで逮捕しました（「河井前法相・案里議員を逮捕　参院選での買収の疑い　東京地検」NHK2020年6月18日15時42分）。現職国会議員夫妻の逮捕は初めてのこと。NHKの取材に対し、複数の地方議員が「選挙の公示前に河井前大臣から『案里議員をお願いします』と言われた」と話し、「違法な金だと思っていた」等と証言しています（「河井夫妻逮捕　今後の捜査焦点は」NHK2020年6月18日　16時42分）

また、東京地検特捜部は同日午後4時半すぎから、東京都千代田区にある河井前大臣の衆議院第二議員会館の事務所と案里議員の参議院議員会館の事務所の捜索を始めました（「河井前法相夫妻逮捕　議員会館事務所の捜索始める　東京地検」ＮＨＫ２０２０年６月18日17時21分）。さらに検察当局は翌19日にも、克行議員の地元後援会事務所、案里議員の事務所、自宅の広島市内の関係先３カ所を家宅捜索し、関係資料を押収しました（「河井前法相の事務所など広島市内の夫妻関係先を家宅捜索」中国新聞２０２０年６月19日）。

押収した克行議員のパソコンで管理されていたものの中には、現金の提供先や金額などが記されたリストがあり、そのリストには、配布先として広島県議・市議などの地元議員や後援会関係者ら１００人以上が記載されており、その各金額を合計すると３０００万円を超えると「毎日新聞」が報じました（「現金配布リストに総額３０００万円超　克行容疑者ＰＣに県議ら１００人以上記載」毎日新聞２０２０年７月１日17時48分）。

東京地検特捜部は７月８日、河井克行衆議院議員と、妻の案里参議院議員が地元議員らに票の取りまとめを依頼し、現金を配ったとして、公職選挙法違反の買収の罪で起訴しました。特捜部が起訴した買収資金の総額は２９００万円余りに上り、迅速な審理を求める「百日裁判」を東京地方裁判所に申し立てました。起訴状によると、克行議員は２０１９年３～８月、案里議員が立候補した参議院通常選挙での集票を依頼するため、地元議員ら90人超に計約２９００万円を提供したなどとされ、案里議員はこのうち１７０万円について、克行議員と共謀したとされています（「河井前法相夫妻を起訴　参院選で総額２９００万円余の買収の罪」ＴＢＳ２０２０年７月８日16時41分、「河井前法相夫妻を起訴　２９００万円買収罪　２０１９年参院選」日経新聞２０２０年８月８日16時42分）。

克行議員を総括主宰者（「選挙運動を総括主宰した者」）として認定し起訴することは当然ですが、

多数人買収罪ではない点は納得できません。とはいえ、2人が買収罪で有罪となり、有罪が確定すると公民権停止になり失職することになります。

河井議員夫妻の初公判は8月25日でした。2人はともに無罪を主張しました（「河井前法相と妻の案里議員　初公判で無罪主張　大規模買収事件で」NHK2020年8月25日10時26分）。検察側は、冒頭陳述で、「当選させるためになりふり構わず、投票を依頼し、現金を供与した」と指摘しましたが、被告人の克行氏は、被告人・案里氏との共謀を否定し、現金の供与自体はおおむね認めたものの「いずれも票の取りまとめなどの選挙運動を依頼する趣旨で供与したものではございません」と主張し、弁護人は、「現金を受け取った側が起訴されず、いわゆる裏取引があり違法な捜査」と主張し、裁判を打ち切る公訴棄却を求めました。案里氏も共謀を否定し、「選挙運動を依頼し、報酬として現金をお渡ししたことはありません」と主張しました（「河井夫妻　初公判で無罪主張『違法な捜査』検察と全面対決」FNNプライムオンライン2020年8月26日6時20分）

8月28日の第2回公判で検察側は現金提供先や金額が記載されたリストを発見した経緯などを説明しました。検察側の説明によると、リストは「陣中見舞い等」「選対スタッフ支給表」の2種類であり、克行議員の議員宿舎や議員会館事務所、広島市の自宅それぞれのパソコンの「あんり参議院議員選挙、19」というフォルダに保存されていたが、2019年11月3〜4日にデータ消去ソフトなどで削除されたというのです（「『買収リスト』発見経緯を説明＝前法相夫妻の第2回公判―東京地裁」時事通信2020年8月28日11時49分）。つまり、車上運動員買収をスクープ報道した『週刊文春』（2019年11月7日号）の発売（同年10月31日）直後に証拠隠滅を行ったことになります。

9月1日から証人尋問が始まり、前大臣の克行議員の公設第一秘書は、案里議員の選挙の陣営で克行前大臣が果たした役割について、「細部にわたって詳細に報告を求めていて、スタッフに対しても直接、指示を出していた。選挙スタッフの雇い入れや給料を決めていたのは前大臣で、前大臣は案里議員の選挙活動を取りしきる最終責任者だった」と述べました（「河井前法相の公設秘書『前大臣は選挙活動の最終責任者』証言」ＮＨＫ２０２０年9月1日17時31分）

なお、被告人の河井克行議員が弁護人を全員解任したため、東京地裁は9月16日、克行議員、案里議員の公判を分離し、克行議員の審理は新たな弁護人が選任されて準備が整うまでは中断し、当面は案里議員の審理を先行して進むことになりました（「弁護士解任で河井夫妻の公判分離　克行被告の審理は当面中断」中国新聞２０２０年9月16日）

10月19日の東京地裁での案里議員の第21回公判において、検察側は、河井克行議員が作ったとされるパソコンの「買収リスト」の削除を依頼されたインターネット業者の供述調書を朗読しました。すなわち、２０１９年11月3日、同業者は克行議員から東京都内の議員宿舎に呼び出され「外部に流出させたらまずいものを消したい」と頼まれ、近くの家電量販店で、復元できない状態に消去できる市販ソフトを購入し、克行議員がそのソフトを使い、議員宿舎にあるパソコンのデータを消し、その後、克行議員は削除を求めるデータを手書きしたメモを業者に渡し、業者が克行議員の議員会館の事務所と広島市内にある自宅のパソコンのデータを削除し、業者は12月にも、広島市内にある河井議員夫妻の後援会事務所のパソコンのデータを公設秘書が同席する中で削除したというのです。

ただ、初公判での検察側の冒頭陳述によると、業者らによるデータ消去後も、議員会館の事務所のパソコンには同じリストが記録された別のデータが残っていたため、検察当局はこれらのデータを家宅捜索で押収し、大規模買収事件の捜査が進展する突破口となったというのです（「克行被告『買収リスト』消去依頼　河井夫妻公判、検察が業者の調書朗読　疑惑報道直後『流出したらまずい』」中国新聞２０２０年10月19日13時７分）

河井案里被告人の第28回公判が12月15日、東京地裁であり、検察側は「広島県内の有権者を裏切り、選挙の公平さに対する国民の信頼を失墜させた。被告に反省の情が皆無」などとして、「民主政治の根幹を危うくする重大な犯罪」「厳罰で臨む必要がある」と主張し、懲役1年6月を求刑し、加えて、案里被告人の公民権の停止期間を5年間から短縮しないように求めました。公選法は選挙犯罪で処罰された場合、原則として公民権を5年間停止すると定めており、その間、政治家に就くことはできなくなります（「【詳報・案里被告第28回公判】検察側論告〈1〉被告の選挙情勢は厳しいと予想された」中国新聞２０２０年12月16日０時28分、「【激震　元法相夫妻公判】案里被告、表情変えず　求刑には前向いたまま」中国新聞２０２０年12月15日23時18分）。同月23日、公判は結審し、２０２１年１月21日に判決が言い渡されることになりました。

一方、元法務大臣の河井克行被告人の第22回公判が12月21日、東京地裁であり、検察側の証人として出廷した児玉浩・前安芸高田市長と自民党の沖宗正明・広島市議らが現金の受け取りを認め、買収の意図を感じたと証言し、児玉前市長は克行議員から「表に出ないお金と言われた」と明かしました。

児玉前市長によると、当時は広島県議だった児玉前市長が県議選で無投票当選を決めた２０１９年3月29日、克行議員が安芸高田市内の事務所に来て30万円が入った白封筒を渡し、「当選祝いだから」と言い、領収書の発行は求めなかった。同5月26日には同市内に駐車中の乗用車内で30万円が入った白封筒を差し出され、会計処理を尋ねると、克行議員から「これは表に出ないお金」と言われ、参院選に出る案里氏を応援してもらいたい意味が含まれていると思った。1回目の30万円は、今年9月に克行議員の事務所に現金書留で返却し、2回目の30万円のうち20万円を公設秘書に返金するなどし、残りの10万円は地元の自民党高宮支部の口座に入金したと証言しました。

沖宗市議は、克行議員から昨年4月14日に後援会事務所で30万円、6月1日に自宅で20万円を受け取り、案里氏への集票を依頼されたと感じたと証言し、参院選の公示前後に案里候補を応援する選挙はがきを計3100枚作り、受け取った計50万円は生活費に使ったと説明し、「受け取るべきではないお金を受け取り、脇が甘かった」と述べました。

仁井田和之・廿日市市議は、克行議員から昨年4月14日に20万円を渡され、数日後に克行議員の広島市内の事務所で返したと説明しました。（「【激震　元法相夫妻公判】克行被告『表に出ない金』　前安芸高田市長明かす　2市議は『買収意図感じた』」中国新聞2020年12月21日23時23分）

第2節　党本部からの交付金、計1億5000万円

（1）安倍総裁の仇敵を「抹殺」

２０２０年６月18日夜、石破茂・元自民党幹事長はＢＳ日テレの番組で次のように語ったと朝日新聞は報道しました（「石破氏『7年前も首相は広島に……。私は反対』」朝日新聞２０２０年６月19日21時50分）

「（２０１３年の参院選で）私が幹事長だったが、やはり広島に２人立てたいという強い意向を安倍晋三首相はお持ちだった。広島は極めて難しい選挙区。中国地方で一番大きな都市で、労働組合の皆さん方の力も強い。今まで自民党が２議席取れたことは一度もない。そこにあえて２人を立てることになると、結局１議席しか取れなくて分断と怨念だけが残るのではないかと、私はその時はずいぶん反対した覚えがある。もう７年も前のことですがね」

また、２０１９年６月、『週刊文春』（２０１９年６月27日号）は、参院選における広島県選挙について以下のように報道していました。

「参院選を目前に、安倍晋三首相（64）が、仇敵を抹殺するべく、広島での〝仁義なき戦い〟に力を入れている。

仇敵とは溝手顕正前参院議員会長（76）のこと。２００７年夏の参院選、安倍首相は小沢民主党に惨敗したが、続投に拘泥した。当時防災相だった溝手氏は会見で『首相本人の責任はある。（続投を）本人が言うのは勝手だが、決まっていない』と痛烈に批判した。12年２月にも、野田佳彦政権に対し、消費税増税関連法案への賛成と引き換えに衆院選を迫る『話し合い解散』を主張した安倍氏を、

会見で『もう過去の人』とこき下ろし、波紋を呼んだ。安倍氏は、そうした恨みを片時も忘れない。参院議長を決める16年夏、岸田派は溝手氏を推したが、『首相が反対して止めた』（党幹部）。そして、今回の参院選。定数2の広島選挙区で楽々と当選を重ねてきた溝手氏に、同じく自民公認の新顔として、河井克行総裁外交特別補佐の妻・案里元県議を刺客としてぶつけたのだ。すでに安倍事務所のスタッフ数人を広島に常駐させるほど力を入れている」

「中国放送」（「案里容疑者が当選　参院選振り返り　自民党本部と広島県連が対立」２０２０年6月18日19時50分）によると、当時、新人候補・案里氏の擁立をめぐっては、党の分裂を懸念する地元・自民党広島県連の意向に反し、案里氏を追加公認した自民党の本部と、地元・広島県連との対立が生じました。「それはひどいですよ。（河井氏から事前に）全く話ありませんから、私たちに……」（自民党県連　宇田幹事長）

全国13ある複数人区で唯一、広島だけが「議席独占」というハードルを課せられたのです。「党本部による溝手さんいじめという印象を正直言って強く持っています」（自民党　宮沢洋一県連会長）

その結果、案里陣営は、新たに票の掘り起こしをする以上に従来の保守票を奪う戦術に出ました。現職の溝手氏は自民党広島県連合会が支援していたのに、6年前の２０１３年参議院通常選挙での得票52・2万票弱から25万票も減らし27万票へと落ち込み3位で落選しました。一方、河井案里氏は29・6万票弱で2位となり当選しました。したがって、〝従来の溝手票を案里票にするために大規模な買収〟が行われたのでしょう。そのために破格のカネが投じられたのです（参照、「『実弾』攻勢、激戦背景か　自民2人で票奪い合い　案里議員初当選の昨夏参院選」時事通信２０２０年6月18日20時34分）

2013年と2019年の参議院通常選挙における広島県選挙区の得票数上位3名の比較

候補者順位	2013年		2019年	
1位	溝手顕正	52万1794票	森本真治	32万9792票
2位	森本真治	19万4358票	河井案里	29万5871票
3位	はいおか香奈	17万3266票	溝手顕正	27万0183票

地元の溝手派を含め議員らは、買収資金を受け取った後、案里候補当選のために推薦はがきを用意するなどの支援に動いていました（「【激震　前法相夫妻逮捕】現金受領後に河井陣営支援　参院選買収、溝手氏側の議員」中国新聞2020年7月4日）

（2）党本部が河井夫妻の両支部に交付金、計1億5000万円

2020年1月、『週刊文春』（同年1月30日号）は、河井案里参院議員の選挙の時の新たな問題をスクープ報道。河井克行氏が案里氏の選対の実質的トップだったことを示す証拠LINEや、安倍首相が4名の秘書軍団を広島入りさせ、秘書軍団が案里氏を当選させるために運動していたことのほか、河井陣営の金満ぶりは、当時から広島県内で話題になっていたとして、ある自民党広島県議の話を紹介しました。

「案里事務所はタウンメールというビラのポスティングを公示前から複数回やっていたが、1回あたり1500万〜2000万円ほどかかるのに、なぜあんなに何回もできたのか。菅義偉官房長官が演説に来たときは駅から数百メートルにわたって看板が立てられるなど、とにかく物量が桁ちがいでした」

そして、それを可能にしたのが党本部からの資金提供だったとして、捜査機関が押収し事務所内で共有されていた〝入出金記録〟を紹介しました。そこには次の数字が並んでいたのです（表「自民党本部からの交付金の入金記録」を参照）

自民党本部からの交付金の入金記録

【第七】	4月15日	15,000,000	5月20日	30,000,000	6月10日	30,000,000
【第三】	6月10日	45,000,000	6月27日	30,000,000		

「第七」とは「自民党広島県参議院第七選挙区支部」（代表・河井案里）、「第三」は「自民党広島県第三選挙区支部」（代表・河井克行）です。つまり河井夫妻の政党支部に、参議院通常選挙前のわずか3カ月間で、それぞれ7500万円、計1億5000万円が自民党本部から振り込まれていたというのです。そして、そのうち、克行氏の支部は30万円を残し、計7470万円を案里氏の支部に寄付していたとも報じたのです。

「党本部のお金は幹事長マターだが、河井陣営に1億5000万円も投下したのは安倍首相の強い意向があってこそ。克行氏は安倍首相に近く、長く首相補佐官を務めていました。広島選挙区で安倍首相と距離のあった自民党候補・溝手顕正氏に比べて、明らかに案里候補に肩入れしていました」（自民党関係者）

（3）過去と比較しても異常

『週刊文春』の取材によれば、落選した溝手氏の党支部に党本部から提供された選挙資金は案里氏の10分の1程度でした（計1700万円）。確かに2018年までの政治資金収支報告書における収入欄の記載を見ると、溝手氏の党支部（自民党広島県参議院選挙区第2支部）が受領した過去の「自民党本部からの交付金」は1年間でもほぼ1200万円であり、前回選挙の2013年でも年間2400万円（そのうち選挙前は1700万円）でした（「自民党広島県参議院選挙区第2支部（溝手顕正）の自民党本部からの交付金収入」を参照）から、それらと比較しても、党本部が案里氏の政党支部にわずか3カ月間で

自民党広島県参議院選挙区第2支部（溝手顕正）の自民党本部からの年間交付金（政党交付金を含む政治資金）収入

2012年	2013年	2014年	2015年	2016年	2017年	2018年	2019年
800万円	2400万円	1200万円	1100万円	1200万円	1500万円	1200万円	
衆議院総選挙	参議院通常選挙	衆議院総選挙		参議院通常選挙	衆議院総選挙		参議院通常選挙

自民党広島県第3選挙区支部（河井克行）の自民党本部からの年間交付金（政党交付金を含む政治資金）収入

2012年	2013年	2014年	2015年	2016年	2017年	2018年	2019年
1925万円	1200万円	1970万円	1140万円	1270万円	2790万円	1200万円	
衆議院総選挙	参議院通常選挙	衆議院総選挙		参議院通常選挙	衆議院総選挙		参議院通常選挙

７５００万円も交付したのは異常です。夫の克行氏の過去の党本部からの交付金も１年間で１２００万円程度。衆議院総選挙のあった12年は１９２５万円、14年は１９７０万円、17年は２７９０万円でした（「自民党広島県第3選挙区支部（河井克行）の自民党本部からの交付金収入」を参照）から、それらと比較しても、候補者でもない克行氏の党支部にわずか１カ月間に７５００万円も党本部が交付したのは、もっと異常です。

例えば、２０１６年参議院通常選挙において、激戦区の沖縄選挙区の島尻安伊子沖縄担当大臣の支部は、１億２７００円を受け取っていますが、その内訳は、自民党本部からの交付金は計１７００万円にすぎず、計１億１０００万円を交付したのは「自民党沖縄県支部連合会」でした。

しかし、２０１９年参院選で自民党本部は「自民党広島県支部連合会」に高額の交付金を支出するわけにはいかなかったのでしょう。自民党広島県支部連合会の代表は落選した溝手顕正候補（元防災担当大臣）と同じ岸田派の宮沢洋一参議院議員だったからです。

計1億5000万円がもしも全額「裏金ではない表の政治資金」だったら、それは安倍総裁の党内での政治資金配分力の強大さを衆参の自民党議員らに見せつける意図もあったことになりそうです。

（4）多数人買収の原資は政治資金

前述したように、約3000万円の買収リストが押収されています。多数人買収資金約3000万円の原資は何だったのでしょうか？

河井議員夫妻らが真実を語らないとわかりませんが、夫妻らが真実を語らないとなると、検察が押収した客観的証拠を裁判に提出するのを待つしかありません。

ここでは可能性としてあげられるのは、まず、両議員のポケットマネーです。これについては、原資が議員歳費の場合と、私物化した「文書通信交通滞在費」（毎月100万円）の場合が考えられます。

しかし、河井克行議員は、領収書を徴収しないまま県議らに現金を提供したことを認めたものの、「不正な行為は一切していない」と弁明しているようです（「河井前法相、現金提供認める　買収否定、『妻と共謀ない』―公選法違反・検察当局」時事通信2020年06月22日12時10分）が、これは、現金を配ったのは買収のためではなく、相手地方議員らの政治活動のためだったと強弁していることになりそうですから、買収の原資は河井議員夫妻の政党支部または政治団体の政治資金だった可能性の方が高いでしょう。車上運動員に法令の定める上限の2倍の報酬を支払った際に、偽装工作のため二つの領収書を車上運動員に書かせていたので、法令の上限を超えた分を支払ったのは、政治資金だったことは間違いありません。そ

河井克行議員と案里氏の政党支部・政治団体の2019年の「前年からの繰越額」

自民党広島県第3選挙区支部	河井克行後援会「三矢会」連合会	日本の夢創造機構	あんり・未来ネットワーク	合計
11,219,300円	23,167円	104,622円	50,383円	11,397,472円

れ以外の買収資金も、政治資金でしょう。

その具体的な政治資金としては、一つは、河井議員夫妻の政党支部と政治団体の2018年から2019年への繰越金です。克行議員の政党支部・政治団体（「自民党広島県第3選挙区支部」「河井克行後援会『三矢会』連合会」「日本の夢創造機構」）と案里議員の政治団体（「あんり・未来ネットワーク」）の各「前年からの繰越額」の合計額は、1139万7472円でした（「自民党広島県参議院第7選挙区支部」は2019年1月1日の時点では存在しなかった）。そのうちの1121万9300円は、克行議員が代表の「自民党広島県第3選挙区支部」の繰越金です。

この繰越金は、形式的には政党交付金を含まない政治資金ですが、同支部は自民党本部から政党交付金（税金）の交付を受けているので、実質的に政党交付金（税金）に等しいとみなしてよいでしょう。つまり、実質的には税金で買収されたに等しいのです。

買収の原資のもう一つは、2019年の政党交付金を含む政治資金収入です。というのは、河井議員夫妻の政党支部・政治団体の2018年の「経常経費」支出総額だけで約計2549万円だった（そのうち自民党広島県第3選挙区支部は236万7000円）ので、前述した「前年からの繰越額」合計額1139万7472円は河井議員夫妻の政党支部・政治団体の2019年の経常経費支出に費消されると試算されるため、2019年の「本年の収入」の一部を買収資

2018年の河井夫妻の政党支部・政治団体の経常経費

経常経費支出	自民党広島県第3選挙区支部	河井克行後援会「三矢会」連合会	日本の夢創造機構	あんり・未来ネットワーク	合計額
人件費	15,409,449	0	0	0	15,409,449
光熱水費	503,735	0	0	0	503,735
備品・消耗品費	2,019,972	0	560,194	57,685	2,637,851
事務所費	5,703,870	64,800	411,843	758,447	6,938,960
計	23,637,026	64,800	972,037	816,132	25,489,995

金に充てるしかないからです。

そうすると、前述した自民党本部からの交付金計1億5000万円が買収の原資だったことは明らかでしょう。

これに対しては、二階俊博幹事長は河井議員夫妻が離党した6月17日、「合計1億5000万円は支部の立ち上げに伴う党勢拡大のための広報誌を配布した費用に充てられたと報告を受けている」としました（「二階幹事長1億5000万円広報誌配布と聞いた』」テレビ朝日2020年6月17日21時22分）。これは、1億5000万円が買収の原資であることを否定した説明なのでしょう。しかし、いつ、いくらの広報誌印刷代を支払ったのか等、詳細な説明なしには、信用できる説明とはいえないでしょう。一方、河井克行・案里両被告人の東京地裁の2020年9月9日公判では、河井陣営で会計を担当した元女性職員は、1億5000万円について、「元秘書が『全て選挙費用の報告書に載せると違反になる。（克行被告も）気にしている』と話していた」と語り、広島県選管に提出した選挙運動費用の収支報告書の収入が事実よりも少なく記載されているとも証言しました（「【激震　前法相夫妻公判】1億5000万円『載せると違反』　事務所スタッフ、克行被告の懸念証言」中国新聞デジタル2020年9月9日）

さらに、案里氏には選挙運動及び政治活動が本当に計1億5000万円で足りたのか疑問も生じます。現に、2019年参議院通常選挙では、党本部から資金提供された1億5000万円は使い切ってしまい、投開票日直後の7月末に陣営の資金が底を突き、未払い金が約3500万円あり、翌8月には案里議員が金融機関から3000万円の融資を受けたことが、陣営関係者への取材で分かった、と「毎日新聞」がスクープ報道しました(「河井陣営、参院選直後に未払い金3500万円　党提供資金、買収に使用か」毎日新聞2020年6月21日2時)

(5) 2019年8月までの政党交付金・政治資金

河井議員夫妻の政党支部・政治団体の2019年分の政党交付金使途報告書と政治資金収支報告書については、前者の使途報告書は9月末、後者の収支報告書は11月末に公表・公開されましたが、その公表前に報じられました。「共同通信」のスクープ配信記事によると、河井克行議員と妻の案里参議院議員がそれぞれ支部長を務めていた自民党の二つの支部は、法定の報告書を広島県選挙管理委員会などに対し5月までに提出していたものの、2019年参議院通常選挙前に党本部から両支部に入金された計1億5000万円について使途を一切記載していなかった、と(「1・5億円使途、記載せず　河井夫妻側、法定の報告書」共同通信2020年6月20日10時2分)。「中国新聞」は、河井議員夫妻が支部長を務めた二つの自民党支部に党本部が2019年提供した1億5000万円のうち1億2000万円は税金を原資とする政党交付金だったこと、また、両支部はこの春、2019年受け取った政党交付金の使い道の報告書を県選管へ提出したものの、目的や金額は明記していないこと、広島地検による両議員の事務所や自宅などの家宅捜索で「関係書類が押収され、使途の内訳が分からず記載できない」と説明していることを報じました（「1億2000万円は政党交付金　河井夫妻側支部への党提供資金、報告書に使途示さず」中国新聞2020年6月21日7時）

この報道は真実でした。また、河井議員夫妻側の2019年分政治資金収支報告書については収入も含め「不明」と記載されていました（「河井夫妻、19年収支『不明』　書類押収理由、受領記載9団体　政治資金報告書」毎日新聞2020年11月21日大阪朝刊）。とはいえ、判明している収支があります。一つは選挙運動のための選対への支出です。2019年参院選における河井案里候補の選挙運動費用収支報告書によると、「自民党広島県参議院第7選挙区支部」（代表・河井案里）から案里選対に対し、同年7月1日に2300万円、8月30日に105万円を、それぞれ寄付として受領していました。つまり、この記載は虚偽でない限り、「自民党広島県参議院第7選挙区支部」は、案里選対に対し計2405万円を寄付として支出していたのです。

もう一つは収入です。河井議員夫妻の二つの政党支部の各政党交付金使途報告書について私は独自に入手しています。前述の計1億5000万円以外の「党本部からの交付金」収入については、その両支部の使途報告書によると、同年8月上旬までに、克行氏が代表の「自民党広島県第3選挙区支部」は、4月26日に200万円、5月20日に300万円、7月31日に200万円を、案里氏が代表の「自民党広島県参議院第7選挙区支部」は5月20日に200万円を、それぞれ受領していました。「自民党広島県第3選挙区支部」が受領していた4500万円（6月10日）は政党交付金でしたが、3000万円（6月27日）は政党交付金ではありませんでした（政治資金）。自民党広島県参議院第7選挙区支部が受領していた計7500万円（4月15日1500万円、5月20日

2019年の河井議員夫妻の各政党支部の収入

	自民党広島県第3選挙区支部の収入		自民党広島県参議院第7選挙区支部の収入	
月日	政治資金	そのうち政党交付金	政治資金	そのうち政党交付金
4月15日			15,000,000円	15,000,000円
4月26日	2,000,000円	2,000,000円		
5月20日	3,000,000円	3,000,000円	30,000,000円	30,000,000円
5月28日	500,000円			
6月10日	45,000,000円	45,000,000円	30,000,000円	30,000,000円
6月27日	30,000,000円			
7月31日	2,000,000円	2,000,000円	2,000,000円	2,000,000円
10月31日	2,000,000円	2,000,000円	2,000,000円	2,000,000円
12月9日	2,000,000円	2,000,000円	2,000,000円	2,000,000円
12月25日	2,000,000円	2,000,000円	2,000,000円	2,000,000円
計	88,500,000円	58,000,000円	83,000,000円	83,000,000円

政党交付金以外の政治資金は自民党本部の2019年分政治資金収支報告書で判明

3000万円、6月10日3000万円）は全額政党交付金でした。つまり、計1億5000万円のうち1億2000万円が政党交付金だったのです。

もっとも、2019年、上記政党支部・政治団体において政党交付金を除く政治資金収入がどれだけあったのかについては、必ずしも明確ではありません。とりわけ支出額は不明です。現時点でわかっている8月末までの合計収入は、「前年からの繰越額」合計額1139万7472円、週刊誌報道の1億5000万円、それ以外の本部からの交付金（政党交付金）合計額900万円、総計1億7039万7472円。一方、現時点でわかっている8月末までの合計支出は、案里選対への寄付計2405万円。

以上の収入と支出の差額（残額）は1億4634万7472円です（ここから経常経費の支出がなされているでしょうが、前記以外の収入額は不明です）

そうすると、3月下旬から8月上旬にかけて逮捕容疑の計2570万円を含む約3000万円の原資の一部は1億4634万7472円だったとわかります。これには税金が原資の政党交付金が含まれていますから、税金の一部が多数人買収の原資であったことになります。

なお、2019年における「自民党広島県参議院第7選挙区支部」と「自民党広島県第3選挙区支部」の収入は、各政党交付金使途報告書と自民党本部の政治資金収支報告書によると、自民党本部からの計1億7150万円（そのうち政党交付金は計1億4100万円）しかわからず、それ以外の収入はわからないままでしたし、両支部の政治資金収支報告書には支出は一切記載されてはいませんでした。

第3節　1億円超は党本部幹事長の使途不明金⁉

(1) 1億5000万円のうち1億円超は党本部の使途不明金⁉

以上においては、自民党本部から河井議員夫妻の二つの政党支部への交付金計1億5000万円の全額が「表の政治資金」だった、との前提で論述しました。

しかし、実際はそうでなく、河井議員夫妻の両政党交付金使途報告書の収入の記載額は、週刊誌がスクープ報道したために「表の政治資金」にせざるを得なくなった結果だったのではないでしょうか。

というのは、自民党本部の過去の党支部への交付金の支出実態を踏まえると、計1億5000万円のうち「表の政治資金」は案里の党支部への1500万円（2019年4月15日）、多くても、3000万円（5月20日）を加えた計4500万円にとどまり、残りの3000万円（6月10日）と、克行氏の党支部への計7500万円、計1億500万円は、河井議員夫妻の各支部が政党交付金使途報告書にも政治資金収支報告書にも記載しない予定の裏金だった可能性が高いのではないかと思えてならないからです。

河井克行・案里両被告人の東京地裁の2020年9月9日公判では、河井陣営で会計を担当した元女性職員の供述調書の朗読と、この元職員の尋問が行われました。読み上げられた調書によると、元職員は案里氏が代表を務める自民党支部などの資金を複数の口座で管理し、残高などを毎日、克行議員に見せるよう指示されていたというのです。尋問で元職員は、自民党本部から受け取った資金は他の資金と別の口座で管理しており、資金が不足した時に「すでに党本部から計1億2千万円を受け取ったと聞いていたのでまだもらえるのか疑問だったが、同年6月ごろ追加で3000万円が振り込まれた」とも述べ、合計1億5000万円が党本部から提供されたこと、また、銀行が閉まった夜間に数百万円分を克行議員に頼んだところ、翌日には封付きの現金を手渡されたとして「(克行)代議士の自宅などに現金が用意してあるのかと思った」などと供述しました（「河井夫妻公判　1・5億円〝別口座で管理〟　元会計担当者『自民本部提供』」しんぶん赤旗2020年9月10日）

政党支部が自民党本部から受け取った資金を他の資金とは別の口座で管理していたとなると、やはりその資金は、そもそも政治資金収支報告書に記載しない予定の裏金だったのではないでしょうか。そして、その裏金は、第3章で取り上げる、自民党本部が党幹事長ら国会議員に「政策活動費」名目で寄付し、それがどこにも収支報告されていない使途不明金としての政治資金だったのではないかと疑われるのです。河井夫妻支部への計1億5000万円のうちの1億円超はその使途不明金の一部であり、その一部が収支報告できない多数人買収にも投入されたのです。

（2）自民党本部の取り調べの必要性

河井案里氏の2019年参院選が自民党本部主導であり、河井夫妻の両支部への交付金計1億5000万円のうちの1億円超が政党交付金使途報告書にも政治資金収支報告書にも一切記載しない予定の使途不明金になる予定であったとすれば、安倍総裁ら自民党本部幹部らは、河井案里氏の2019年参院選で買収などの違法な支出を指導または黙認していたとしても不思議ではありません。
自民党の元衆議院議員で安倍チルドレンの金子恵美氏がラジオ番組で自民党の「金権選挙」の実態を暴露しました。6月22日に放送された文化放送の「ニュースワイドSAKIDORI!」に自宅から出演した金子氏は、テレビ番組で「(河井夫妻のようなことは)みんなやっている」などと発言し、「憶測で言うな」と批判が出ていることに対する真意を問われ、以下のように発言しました(「金子恵美が暴露『自民では選挙で金バラまけと教えられる』」日刊ゲンダイ2020年6月23日16時)
「憶測ではなく、実際、私自身もですね、正直、選挙の時に『お金を配らなければ、地方議員の皆さんとか。みんな、協力してくれないから。みんな、やってるんだから、配りなさい』というふうに私自身言われました(教えられた)」「各県それぞれ、やり方があるみたいですね。完全にアウトにならないグレーなやり方とか。名目を変えるとか。実際、お金が飛び交っているという事実は、過去の話のように思われるかもしれないが今現在も残っている」
また、同月26日の「ABEMA Prime」に出演した元衆議院議員で安倍チルドレンの豊田真由子氏も、「とある先輩議員から、〝ちゃんと地元でお金を配ってるの? 市長さん、県議さん、市議さんにお金を配らなくて、選挙で応援してもらえるわけがないじゃないの〟と叱られ、びっくりしたことがある。選挙の時に限らず、この世界は桁が違うお金が動いているんだと、5年の間に感じた」と告白しました(「『先輩議員に〝ちゃんと地元でお金を配ってるの?〟と叱られた』豊田真由子・元衆議院議員が告白」ABEMA TIMES2020年6月27日9時29分)
さらに、参議院広島選挙区における複数のスクープ報道がありました。①河井克行議員が

2019年3月、広島県北広島町の宮本裕之町議会議長に、安倍晋三首相、自民党の二階俊博幹事長、菅義偉官房長官の3人が妻の案里候補に期待していると伝え、現金20万円を渡していたとの証言を共同通信が記事を配信（「『安倍総理が期待』と現金渡す　前法相、二階・菅両氏の名も」共同通信2020年6月28日19時6分）

②河井克行議員が一部の地元県議らに対し現金を提供する際に、「次は参議院選挙をよろしく」「妻が出るのでよろしく」などと参議院選挙における案里氏の支援を依頼する趣旨の話をしていたことに加え、「これは総理からです」や「二階幹事長からです」などと話したこともあったと「日本テレビ」がスクープ報道（「現金提供『次は参院選よろしく』克行容疑者　日本テレビ2020年6月24日11時34分）

河合あんり事務所が配ったうちわには安倍総理、菅官房長官、二階幹事長らの顔写真と推薦メッセージ

③「テレビ朝日」も、案里議員の後援会長を務めていた府中町議会の繁政秀子議員は選挙事務所で河井克行議員から30万円を受け取ったこと、その際に「安倍総理から」という言葉を掛けられたことを明らかにしたと報道（「克行容疑者『安倍総理から』広島・府中町議が明かす」テレ朝2020年

6月25日12時47分）

④宮本町議会議長が「しんぶん赤旗」の取材に証言したところによると、河井克行議員が2019年3月、同議長の自宅を訪問し、安倍首相と案里氏、菅義偉官房長官と案里氏が一緒に写真に写っている新聞記事のコピーを複数示し、「党本部が（案里容疑者を）応援している」と語り、20万円の入った白い封筒を差し出したため、「受け取れない」と押し返しましたが、克行議員は「大丈夫ですから」と封筒を座卓に置き、車で走り去ったというのです（「首相との紙面示し現金　河井前法相『党本部が応援』　北広島町議長が本紙に証言」しんぶん赤旗2020年6月30日）

以上については、裁判でも同様の証言がなされています。案里議員の東京地裁での2020年10月2日の第15回公判で、自民党の岡崎哲夫広島県議が検察側の証人として出廷し、2019年3月29日告示の県議選で自身の無投票当選が決まった翌30日に案里議員が府中市内の事務所を訪れ、30万円が入った封筒を「（自民党の）二階幹事長から預かってきた」と渡されたと説明し、「発言はブラックジョークで、参院選支援の依頼と当選祝いの意味と思った」と証言するとともに、5月10日にも府中市の料理店前の路上で、案里議員が菓子袋の中から現金が入ったとみられる封筒を差し出してきたが、岡崎県議は参院選支援を求めるための違法な現金と思い、受領を断ったが、6月5日には、事務所に来た克行議員から「大変厳しい選挙」と伝えられた後、20万円が入った封筒を渡されたと証言しました（「『二階幹事長から預かってきた』と案里被告から渡された　広島県議が証言、河井夫妻買収事件公判」中国新聞2020年10月2日13時23分）

また、2020年10月13日の河井案里議員の第18回公判（東京地裁）で、自民党の海徳裕志広島市議が検察側の証人として出廷し、証人尋問で、自身の事務所で克行議員から2019年3月下旬に30万円、同6月1日に20万円を渡されたと説明し、3月下旬に30万円を渡された際には「これ総理から」と言われたと証言するとともに、「以前、どう喝されたことがあり、断れなかった」と証言しました（「克行被告が『総理から』と現金　海徳広島市議が証言　河井夫妻事件公判　『以前、どう喝され断れず』」中国新聞2020年10月13日11時15分）。克行議員が帰った後、海徳市議は妻との会話も録音しており、封筒の中身を確認した海徳市議の妻が「20」と話し、海徳市議は「絶対1億か2億きとるで、安倍（晋三前首相）から」と語ったやりとりが法廷で再生されました（「克行被告の音声再生『県連何もやってくれない』　現金受領の市議『1億か2億きとるで、安倍から』」中国新聞2020年10月13日13時14分）

以上の事実を踏まえると、自民党本部が1億円超の一部が買収に使われることを承知で河井議員夫妻の支部に1億円超を交付したという高い可能性が浮かび上がります。そうであれば、自民党本部も公選法違反の買収罪の一つに問われる可能性が高くなります。というのは、同法第221条第1項は、買収をさせる「目的」をもつて「選挙運動者に対し金銭若しくは物品の交付」をしたとき、または、「交付の申込み若しくは約束をし又は選挙運動者がその交付を受け、その交付を要求し若しくはその申込みを承諾したとき」（第5号）も、その者を「3年以下の懲役若しくは禁錮又は50万円以下の罰金に処する」と定めているからです。つまり、自民党本部が買収させる「目的」で「選挙運動者」である河井議員夫妻らに「金銭」（交付金）を「交付」したら、この罪に問われるのです。

東京地検、長崎地検次席検事だった郷原信郎弁護士は、「河井夫妻と自民党本部は一蓮托生～資金提供に『交付罪』適用の可能性」（BLOGOS2020年6月19日15時3分）で、次のように指摘しています。

「今回の事件についても、資金を提供した自民党本部側が、『誰にいくらの現金を供与するのか』という点を認識していなくても、河井夫妻から、『案里氏を当選させる目的で』『自由に使ってよい金』として供与する資金であることの認識があって資金提供をすれば、『交付罪』が成立することになる」

(3) 安倍秘書団の捜査と1億5000万円使途解明の必要性

安倍秘書団も安倍総理・総裁の指示で案里候補の選挙運動に数日投入されました。安倍首相は、6月18日の記者会見で時間内に応じきれなかった報道各社からの質問のうち、去年の参議院選挙の際、みずからの事務所の秘書が河井案里氏の支援のため広島を訪れたのかと問われたのに対し、翌19日の書面で、「私は河井候補と溝手候補の応援のため、広島を一度訪問し、また、私の指示により秘書が広島に入ったことは事実だ」と回答しました（「安倍首相〝私の指示により秘書が広島入り〟去年の参院選で」NHK2020年6月19日21時29分）

河井克行議員が広島県議のスタッフに現金を渡した後の2019年5月、安倍首相の秘書がこの県議を訪ね、妻の案里候補者（当時）への支援を求めていました。克行議員は案里陣営が立ち上げたLINEのグループで首相秘書の回り先を細かく指示しており、現金の提供先を意識し、選定した可能性があります（「現金提供先を首相秘書が訪問　案里容疑者支援で前法相差配か」共同通信2020年7月6日15時56分）

安倍首相は、自民党本部が計1億5000万円を交付した2019年、河井克行氏と繰り返し面会しており、面談後に党本部が交付金を交付していました。また、参議院選後、安倍首相は、克行

2019年、河井克行議員を法務大臣に任命するまでの安倍総理の面会と自民党本部の交付金

月日	収入	自民党広島県第3選挙区支部（克行）	自民党広島県参議院第7選挙区支部(案里)	備考
1月15日				安倍総理は克行議員・総裁特別補佐と単独面会
2月28日				安倍総理が克行議員と単独面会
3月13日				自民党が案里氏を追加公認
3月20日				安倍総理が克行議員と単独面会。案里氏が正式出馬表明
4月15日	自民党本部交付金(政党交付金)		15,000,000円	
4月17日				安倍総理が克行議員と単独面会
4月26日	自民党本部交付金(政党交付金)	2,000,000円		
5月20日	自民党本部交付金(政党交付金)	3,000,000円	30,000,000円	
5月23日				安倍総理が河井克行議員と単独面会
5月28日	自民党本部交付金(政治資金)	500,000円		
6月10日	自民党本部交付金(政党交付金)	45,000,000円	30,000,000円	
6月20日				安倍総理が克行議員と単独面会
6月27日	自民党本部交付金(政治資金)	30, 000,000円		
7月1日			(選対に2300万円を「寄付」支出)	
7月14日				安倍首相が参議院選広島選挙区に応援
7月21日				参議院選で案里候補が初当選
7月24日				安倍総理が克行・案里両議員と面会
7月31日	自民党本部交付金(政党交付金)	2,000,000円	2,000,000円	
8月15日				安倍総理が克行議員と単独面会
8月30日			(選対に105万円を「寄付」支出)	
9月3日				安倍総理が克行議員と単独面会
9月11日				安倍総理は内閣改造で克行議員を法務大臣に任命

面会などの事実については、「しんぶん赤旗」2020年6月24日を参照

議員と当選した案里議員の2人と首相官邸で面会していました。首相と他の参院選当選者との官邸での面会はなく、特別扱いでした。

河井克行議員は2019年5月、総裁の安倍首相との面会資料として、案里陣営内の予算や、案里候補を支援するために広島入りした首相秘書団の活動を報告する文書を作成しており、全面支援を受ける中、安倍首相との情報共有を意識していたとみられる、と「共同通信」がスクープ記事を配信しました（「河井前法相、首相向けに資料作成　案里氏陣営の予算も記す」共同通信2020年7月9日19時46分）

計1億5000万円の河井夫妻の支部への交付金は安倍総裁ら自民党本部の判断で行われ、安倍総裁の指示で安倍秘書団を案里候補の選挙支援に投入したのですから、1億5000万円の一部が安倍秘書団にも流れている可能性があります。案里選対本部幹部は次のように証言しています。

「安倍首相の秘書が広島入りしたときに県議などを紹介するために同行しました。安倍首相の秘書らは広島に宿泊しないにもかかわらず、いつもキャリーカートを持参していたので、変だなと思っていた。1億5千万円の選挙資金という報道があった後、なるほどと、納得しました」（「河井前法相夫妻と安倍首相の大誤算　逮捕許諾請求と1億5千万円の行方」AERA dot.2020年3月13日7時）

安倍秘書団が買収にかかわっていた場合、自民党本部側の一員として買収にかかわったのか、それとも、河井夫妻の側の一員として買収にかかわったのか。いずれにせよ、広島地検及び東京地検特捜部は、計1億5000万円の使途の全容解明を通じて、自民党本部及び安倍秘書団の捜査・取り調べも行い、有罪にできる証拠があれば刑事事件として立件すべきです。

第2章　政党交付金の基金問題と残金返還逃れ問題

第1節　政党交付金残金返還の例外としての基金問題

(1) 政党交付金残金の原則国庫返還の例外

政党交付金の原資は国民の支払った税金です。各「政党」に交付された政党交付金に残金が生じれば当該「政党」は国庫に返納しなければなりません。現行の政党助成法も、「政党」の本部または支部に残金が生じれば、総務大臣が返還を命じることができると定めています（第33条第2項）。「政党」が解散した場合も同様です（同条項）。これが原則です。

しかし、政党交付金の残金の国庫返納を免れる例外を設けています。政党助成法は政党本部が「政党基金」を、政党支部が「支部基金」を、それぞれ設けることを認め、それが翌年への事実上の繰越を可能にしているのです。各「政党」の本部または支部は、その基金を取り崩せば、翌年それを支出に当てることができますから、支出できる政党交付金の金額を、当該年に交付される政党交付金の金額よりも増やすこともできるわけです。

以上の点につき同法の「政党基金」と「支部基金」の定めを解説しましょう（なお、「支部基金」も「政党基金」と基本的に同じなので、以下では「政党基金」についてのみ説明します）

政党助成法には「政党基金」について、きちんと正面から定めた条項はありません。「政党交付金による支出の定義等」を定めた条項（第14条第1項）のなかで、「特定の目的のために政党交付金の一部を積み立てた積立金をいい、これに係る果実を含む」と定義されているにすぎないのです（「支部基金」については同条第2項）

そのうえ、「政党基金」を国庫に返還しなくてもよいと正面から定めた規定もないのです。まず、同じ「政党交付金による支出の定義等」を定めた条項において「政党交付金による支出」とは「政党のする支出（…）のうち、政党交付金を充て又は政党基金（…）を取り崩して充てるもの（…）をいい」と定め、これを通じて「政党基金」が「政党交付金による支出」ではないことを間接的に定めています（「支部基金」については同条第3項）

次に、政党交付金の返還について定めている条項（第33項第2項）が「残金」について「当該政党がその年において交付を受けた政党交付金の総額（…）から、当該政党がその年においてした政党交付金による支出（…）の総額（…）を控除して残余がある場合」と定めているのです（「支部基金」についても同条項）

法律では、このようにして「政党基金」（および「支部基金」）が国庫への返還を免れることが認められているのです（これは、後に政党交付金を受け取る資格を喪失してしまった政治団体にも妥当するので、当該政治団体も貯め込みが可能になっています）。立法技術的にも姑息な定め方と言わざるを得ません。

これに基づきほとんどの政党は「基金」を創設して毎年政党交付金の残金の返還逃れを行ってきたのです。

2017年末～2019年末の政党基金・支部基金残額

政党名	2017年末政党基金・支部基金残額	2018年末政党基金・支部基金残額	2019年末政党基金・支部基金残額
自由民主党	127億9528.7万円	180億3358.3万円	192億0113.4万円
国民民主党	25億7296.4万円	42億6900.0万円	411億6140.9万円
公明党	23億7671.2万円	24億4948.8万円	14億7571.5万円
立憲民主党	3億0700.0万円	11億6655.4万円	7億0165.5万円
日本維新の会	5836.6万円	3億3968.8万円	7億3228.9万円
社会民主党	1億2464.3万円	2億4501.0万円	1億9866.1万円
希望の党(松沢成文)	—	2億8759.5万円	1億2102.8万円
自由党	7億9367.0万円	9億6301.6万円	—
日本のこころ	1億5814.6万円	—	—
NHKから国民を守る党	—	—	4899.0万円
れいわ新選組	—	—	3358.3円
合計	191億8678.8万円	277億5393.4万円	236億7446.4万円

総務省報道資料「平成30年分政党交付金使途等報告の概要」(2018年9月27日)の「本部及び支部における政党交付金の状況（純計）」及び「令和元年分政党交付金使途等報告の概要」(2019年9月25日)の「本部及び支部における政党交付金の状況（純計）」から上脇が作成。「希望の党」(玉木雄一郎)と「日本のこころ」は、基金なしだったので、省略した

(2) 基金の現状

ところで、政党交付金を受け取っている各「政党」は、毎年、翌年3月末までに政党交付金使途報告書を作成し、本部分は総務大臣に、支部分は各都道府県選挙管理委員会に、それぞれ提出しなければなりません。例えば2018年分の政党交付金使途報告書については、それらの提出から半年後の2019年9月27日、総務省によって公表されました。

それによると、参議院通常選挙が施行された2018年に政党助成金を受け取った「政党」は、自民党など9党で、その総額は約317億7400万円でしたが、9党の同年の本部・支部支出総額は約231億2200万円で、衆議院総選挙のあった2017年の約338億4500万円に比べ31・7%減じており、そして、国政選挙のなかった2018年に**使い残した政党**

自民党の受け取った政党交付金と本部・支部基金

年	政党交付金	年末の本部・ 支部基金残金	国政選挙
2013年	150億5858.2万円	16億7348.4万円	参議院通常選挙
2014年	157億8366.0万円	33億9047.6万円	衆議院総選挙
2015年	170億4908.9万円	86億9287.2万円	
2016年	174億3629.1万円	125億6634.7万円	参議院通常選挙
2017年	176億0296.8万円	127億9528.7万円	衆議院総選挙
2018年	174億8986.6万円	180億3358.3万円	
2019年	176億4771.8万円	192億0113.4万円	参議院通常選挙

助成金を国庫に返納せずに諸「政党」が「政党基金」「支部基金」として貯めこんだ総額はなんと約277億5393万円であり、2017年の約191億8679万円から85億6714万円増えていました。これは予定されている2019年参議院通常選挙に備えたものでしょう。それは、政党交付金の交付を受けていない政党・政治団体からすれば、あまりにも不公平ということになるでしょう。

参議院通常選挙のあった2019年は国政選挙のなかった2018年から約41億減り236億7446・4万円でした。

特に自民党は、2017年末の約128億円から2018年末の180億円へと増え、2019年末は約192億円とへ更に増えているのですが、それらの金額は2018年の政党交付金174・9億円、2019年の政党交付金176億円よりも多いのです。

第2節　「おおさか維新の会」議員グループの残金返還逃れ（2015年〜16年）

（1）「政党」の〝分割〟と〝分派〟の違い

政党助成法によると、政党交付金の交付額が決定している「政党」が年の途中で解散した場合には、まだ交付されていない政党交付金（未交付金）があっても、未交付金は交付されなくなります。しかし、政党が「合併」または「分割」される場合には、それに伴う解散が行われても、未交付金が交付されることは可能になります（同法第5章の各規定を参照）

具体的に言えば、他の政党との合併に伴い解散する政党（合併解散政党）に対する未交付交付金は、合併により存続する政党（存続政党）や合併により新たに設立される政党（新設政党）に交付されます。また、一つの政党が解散し「分割」された場合、分割に伴い解散する政党（分割解散政党）に対する未交付金は、分割により設立される政党（分割政党）に交付されます。

一方、「政党」の所属議員が単に脱退して新しい政党を結成しても、その新党は「分派」と呼ばれ、未交付金の交付を受ける資格はありません（参照、総務省自治行政局選挙部政党助成室「政党助成制度のあらまし」16〜17頁）

なお、「政党」の単なる名称変更は政党交付金の交付を受ける資格を失いません。

（2）残金の引継ぎ手続

「政党」の本部や支部が解散した場合、解散時に基金を含め政党交付金の未使用の残金がある場合、その残金は、原資が税金であった以上、国庫に返還しなければなりません。政党助成法によると、総務大臣は、その残金を国庫に返還するよう命じることができると定めています（第33条第2項）。この点は、存続政党、新設政党、分割政党も、原則として、解散により政党交付金の残金を国庫に返還しなければなりません。

しかし、これにも例外があり、残金や基金の引継ぎについての届け出を行えば、解散がなされても、基金を含め政党交付金の残金の国庫返還を免れ、引継ぎが可能になっています（政党助成法第33条第3項、政党助成法施行規則第39条）。

言い換えれば、この引継ぎ手続きが合法的に行えないのであれば、政党交付金の残金は国庫に返還しなければならないのです。

（3）「維新」議員の離合集散と「大阪都構想」住民投票での政党交付金巨額投入

2014年9月、「日本維新の会」（代表・橋下徹）は「結いの党」（代表・江田憲司）を事実上吸収する形で「維新の党」（共同代表・橋下徹・江田憲司。後に代表・江田憲司）に改変しました。政党助成法に基づく2015年1月1日現在の政党の届け出では、「維新の党」の代表は江田憲司氏でしたが、主要な事務所の所在地は「その他の政治団体」である「大阪維新の会」（代表・松井一郎）のそれと同じで、会計責任者は大阪の東徹参議院議員でした。

大阪市を廃止して五つの特別区に分割する「大阪都構想」の是非を問う住民投票が同年5月17日投開票されました。「大阪都構想」をにらんで2012年に成立した大都市地域特別区設置法に基づく住民投票では、選挙運動の場合より制約が少なく、運動費用やビラ、ポスターの作製・配布は無制限でした。

「日本維新の会」は、2015年に大阪市で行われた「大阪都構想」の是非を問う住民投票で「約4億円の広告費の大部分がCMに充てられた」と説明しています（「CM規制論議、秋に持ち越し＝民放連は慎重－改憲の国民投票」時事通信2018年7月12日19時55分）が、実際はもっと高額だったようです。別の報道によると、当時の都構想の住民投票では、賛成、反対のキャンペーンが過熱し、「賛否両陣営が計数億円の広告費を投じ、イメージ先行型のCMを連日放送」し（「〈教えて！憲法　国民投票：6〉メディアのCM規制、どうなるの？」朝日新聞2018年4月21日5時）、特に「維新は広告費に数億円をつぎ込んだ」とされ、橋下氏自身が登場するテレビCMを投票当日まで大量に流したと報じられました（「〈憲法を見つめて　住民投票の教訓〉（上）大阪都構想　規制なき広告、市民分断」東京新聞2018年8月26日朝刊）。

ところが、地方政党「大阪維新の会」（代表・松井一郎）の2015年分政治資金収支報告書によると、「宣伝事業費」名目の支出は約1億7011万円にとどまり前年（2014年）の約1億2533万円とほとんど変わりませんでした（念のために、住民投票後に結成される新党「おおさか維新の会」（代表・松井一郎）の2015年分政治資金収支報告書を確認しましたが、収入総額は4万9800円のみ）。住民投票のための広告費等の支出のほとんどは、国政政党「維新の党」の政治資金だったようです。

2014年と2015年の「維新の党」（代表・江田憲司→松野頼久）、2016年の「日本維新の会」（代表・松井一郎）の「宣伝事業費」を比較すると、2015年は11億円で突出しているから

2014年と2015年の「維新の党」（代表・江田憲司→松野頼久）、2016年の「日本維新の会」（代表・松井一郎）の各政治資金収支報告書の概要

	2014年	2015年	2016年
前年からの繰越額	0円	約1億6413万円	0円
本年の収入	約22億3879万円	約31億9660万円	約13億3074万円
支出総額	約20億7066万円	約28億9641万円	約12億5750万円
経常経費	約6000万円	約1億5389万円	約2億5984万円
政治活動費	**約20億1066万円**	**約27億4252万円**	**約9億9766万円**
選挙関係費	5億0106万円	約13万円	約1億4227万円
宣伝事業費	**4145万円**	**11億0118万円**	**約2億3966万円**
寄付・交付金	14億1788万円	15億3573万円	約5億7700万円
翌年への繰越額	約1億6413万円	約4億6432万円	約7324万円

2015年の「維新の党」の「宣伝事業費」の支出（政治資金とそのうちの政党交付金）

支出の目的	政治資金	そのうち政党交付金	政党交付金の占める割合
宣伝事業費	11億0117万8114円	10億5591万5593円	95.89％

です。その11億円のうち政党交付金は10・5億円で、「宣伝事業費」の支出の約96％が政党交付金でした（同年の政党交付金使途報告書参照）。その全額が住民投票で支出されたわけではないでしょうが、9月末までにそのほとんどが投入されていました。

（4）「維新の党」からの大量除籍と「おおさか維新の会」の結成

巨額の政党交付金が投入されたにもかかわらず、その住民投票で、大阪都構想は否決され、都構想を推進した橋下徹大阪市長（維新の党最高顧問）は記者会見で、12月までの市長任期を全うした上で政界を引退すると表明し、また、「維新の党」の江田憲司代表は18日未明、党代表を辞任する意向を表明しました（「大阪都構想の住民投票、僅差で否決　野党再編の行方にも影響」日本経済新聞2015年5月18日0時13分）。「維新の党」は19日、両院議員総会を開き、辞任した江田憲司代表の後任に松野頼久幹事長を選出しました（「維新の新代表に松野氏、幹事長に柿沢氏」日本経済新聞２０１５年5月20日）

その後、松野代表らと橋下大阪市長らが対立し、橋下徹大阪市長は10月1日の大阪市内での記者会見で、国政政党「おおさか維新の会」を結成すると正式に表明し、かつ、離党した「維新の党」に関しては「今の維新は偽物。国会議員の身分を守るために民主党とくっつくだけだ」と述べ、民主党と進める野党再編を批判しました（「橋下氏『今の維新は偽物』　結党表明会見　新党名は『おおさか維新の会』」日本経済新聞２０１５年10月1日）

「維新の党」は同年10月15日、橋下徹大阪市長が結党する「おおさか維新の会」に合流する見通しの衆院議員、地方議員ら計１６２人の除籍処分を決めました（「維新の党、『大阪組』１６２人除籍を決定　橋下氏らは反発」J-Cast２０１５年10月16日12時29分）。「維新の党」から除籍された大阪グループの議員らは、同年10月31日に国政政党「おおさか維新の会」の結党大会を開催し、橋下大阪市長が代表に就任しましたが、11月の大阪知事選で当選した松井一郎幹事長が12月、代表に就任しました（表「維新の関係の政党・政治団体に関する基本情報（２０１５年）」を参照）。この「おおさか維新の会」は２０１６年8月に「日本維新の会」に改称されました。

以上の経緯において注意を要することは、２０１４年に「結いの党」を事実上吸収する形で「日本維新の会」は「維新の党」へと改変した一方、翌２０１５年に「維新の党」から除籍された大阪グループの議員らは、政党の分割（分党）手続きがなされた結果ではなく、「分派」にすぎませんでした。また、「維新の党」本部が解散していないため、同グループの議員の党支部も同議員の除籍に伴い解散することになる、ということです。言い換えれば、除籍された議員らの党支部は存続できなかったので、当時、政党交付金に残金が生じれば、国庫に返還しなければならなかったのです。

なお、「おおさか維新の会」は２０１６年に「日本維新の会」へと改称しているので、関係の政治資金収支報告書を確認する際には、そのことを前提に政治資金収支報告書の分析を行う必要があります。言い換えれば、２０１６年における「おおさか維新の会」への政治資金の支出は「日本維新の会」への支出であり、「おおさか維新の会」の収支は「日本維新の会」の政治資金収支報告書で確認する必要があります。ただし、改称前に解散している「おおさか維新の会」の支部の政治資金の収支は「おおさか維新の会」の各支部の政治資金収支報告書を確認することになります。

「維新の党」は、国から２０１５年に計約26億６５００万円の政党交付金の交付を受けていました。同年の政党交付金の支出合計額は約25億４５００万円であり、そのうち、全国の各党支部への交付金の支出合計額は約12億５７００万円でした。なお、「維新の党」は、２０１６年3月27日に民主党から党名を変更した民進党と同日に合併しましたので、その結果として「維新の党」という名称の政党はその後存在しなくなりました。

（5）反故にされた「政党交付金残金の国庫への返還」

「維新の党」から２０１５年に除籍された大阪の議員グループは、自らが代表を務めていた政党支部に政党交付金の残金が生じれば、国庫に返還しなければなりませんでした。同年10月19日、「維新の党」を離党した橋下徹大阪市長は、自身のツイッターに「維新の党を解党し、残ったお金は国庫

維新の関係の政党・政治団体に関する基本情報（2015年）

政治団体名	維新の党	大阪維新の会	なんば維新	おおさか維新の会
所在地	大阪府大阪市中央区島之内1-17-16	大阪府大阪市中央区島之内1-17-16三栄長堀ビル2F	大阪府大阪市中央区島之内1-17-16三栄長堀ビル	大阪府大阪市中央区島之内1-17-16三栄長堀ビル
代表者	江田憲司	松井一郎	島松洋一	松井一郎
会計責任者	東徹	東徹	飯田利信	木下智彦
事務担当者	飯田利信	飯田利信	飯田利信	飯田利信
政治団体の種類	政党	その他の政治団体	その他の政治団体	政党
党費・会費納入人数	1,192人	53人	0人	0人

「維新の党」の上記基本情報は2015年1月1日時点のものだが、党費を支払っている人数については同年の政治資金収支報告書による（同報告書の提出時は主要な事務所の所在地は東京都千代田区永田町になっており、会計責任者と事務担当者は別人になっている）

に返納する」と書き込みました（「【維新分裂】維新の党解党『残った金は国に返す』橋下氏がツイッターで政党交付金の返納表明、今年は計26億6000万円支給」産経新聞2015年10月19日14時32分）

ところが、同年12月、突如、「なんば維新」（代表・松島洋一）が結成されました。この「なんば維新」は、政治団体「大阪維新の会」（代表・松井一郎）とは主要事務所の所在地も事務担当者も電話番号も同じで、政党「おおさか維新の会」（代表・松井一郎）とは主要事務所の所在地も事務担当者も同じでしたが、「なんば維新」は「大阪維新の会」同様、党支部ではなく「その他の政治団体」でした（表「維新の関係の政党・政治団体に関する基本情報（2015年）」を参照）

「維新の党」から離党した大阪グループは、政党交付金を含む政治資金の残金を年末に「なんば維新」に寄付してしまい（合計9912・8万円）、その結果として政党交付金の国庫への返還の約束を反故にした旨、スクープ報道されたのです（「おおさか維新〝交付金ロンダリング〟の実態　未公表団体『なんば維新』で資金還流」ニュースサイトハンター

2015年12月末「なんば維新」の寄付受領及びそのうちの政党交付金（円）

寄付者の名称	寄付額	そのうち政党交付金	年月日	住所	代表
維新の党衆議院大阪府第1選挙区支部	3,103,045	3,103,045	2015/12/30	大阪府大阪市	井上英孝
維新の党衆議院大阪府第2選挙区支部	522,851	522,851	2015/12/24	大阪府大阪市	椎木保
維新の党衆議院大阪府第8選挙区支部	5,611,774	5,611,774	2015/12/30	大阪府豊中市	木下智彦
維新の党衆議院大阪府第14選挙区支部	9,974,518	6,974,518	2015/12/25	大阪府八尾市	谷畑孝
維新の党衆議院大阪府第18選挙区支部	1,130,615	1,130,615	2015/12/30	大阪府高石市	遠藤敬
維新の党衆議院大阪府第19選挙区支部	3,181,555	3,181,555	2015/12/30	大阪府泉佐野市	丸山穂高
維新の党参議院比例区第63支部	4,182,038	4,182,038	2015/12/24	千葉県習志野市	藤巻健史
維新の党参議院兵庫県選挙区第1支部	19,490,005	19,490,005	2015/12/30	兵庫県西宮市	清水貴之
維新の党参議院比例区第53支部	11,092,819	11,092,819	2015/12/28	兵庫県尼崎市	室井邦彦
維新の党参議院比例区第1支部	9,518,972	9,518,972	2015/12/29	岡山県岡山市	片山虎之助
維新の党参議院比例区第65支部	4,045,309	4,045,309	2015/12/30	沖縄県浦添市	儀間光男
維新の党衆議院埼玉県第9選挙区支部	1,972,760	1,972,760	2015/12/30	埼玉県和光市	青柳仁士
維新の衆議院千葉県第2選挙区支部	2,485,166	2,485,166	2015/12/24	千葉県習志野市	藤巻健太
維新の党衆議院滋賀県第4選挙区支部	5,670,729	5,670,729	2015/12/30	滋賀県甲賀市	岩永裕貴
維新の党衆議院宮崎県第1選挙区支部	188,289	188,289	2015/12/28	宮崎県宮崎市	外山斎
維新の党衆議院鹿児島県第1選挙区支部	696,867	696,867	2015/12/31	鹿児島県鹿児島市	山之内毅
維新の党滋賀県総支部	2,409,714	414,982	2015/12/30	滋賀県甲賀市	岩永裕貴
維新の党奈良県総支部	2,581,003	2,581,003	2015/12/30	奈良県奈良市	清水勉
維新の党岡山県総支部	1,920,000	?	2015/12/25	岡山県岡山市	高井崇志
維新の党広島県総支部	318,887	17,516	2015/12/30	兵庫県広島市	片山虎之助
維新の党徳島県総支部	2,695,965	2,539,978	2015/12/30	徳島県徳島市	黒田達哉
維新の党山口県総支部	515,584	515,584	2015/12/30	山口県防府市	片山虎之助
維新の党宮崎県総支部	60,083	46,793	2015/12/28	宮城県宮崎市	外山斎
維新の党鹿児島県総支部	873,839	873,839	2015/12/31	鹿児島県鹿児島市	山之内毅
維新の党沖縄県総支部	1,824,596	0	2015/12/30	沖縄県浦添市	儀間光男
維新の党衆議院大阪府第8選挙区支部	3,000,000	0	2015/12/30	大阪府豊中市	木下智彦
その他の寄付	61,305	?	?	?	?
合計	99,128,288	86,857,007			

「維新の党岡山県総支部」の政党交付金使途報告書は確認できなかった。「その他の寄付」については政党交付金であったのかどうかの確認ができなかった

２０１６年２月３日８時45分）

この時の政治資金の移動については、「なんば維新」の２０１５年分政治資金収支報告書で確認できます。そのうち政党交付金が幾らだったのかについては、各支部の政党交付金使途報告書で確認できます。それによると、確かに「なんば維新」は２０１５年12月末に各支部から計９９１２・８万円の寄付を受領していましたが、そのうち政党交付金からの寄付は少なくとも８６８５・７万円でした（表「２０１５年12月末「なんば維新」の寄付受領及びそのうちの政党交付金」を参照）

（６）役割を果たした「なんば維新」を解散

そして、「なんば維新」は、翌２０１６年１月４日に、「維新の党」から１億２００５・６万円弱と「維新の党国会議員団」から１億２３０８・６万円超、計２億４３１４・２万円超の寄付を受け、「おおさか維新の会」に同額を寄附しているし、それを含め「おおさか維新の会」の複数の支部に寄付し（合計３億４２２６万円超。表「２０１６年１月〜３月『なんば維新』の寄付供与」を参照）、同年３月10日解散しました。このことは、「なんば維新」の２０１６年分政治資金収支報告書で確認できます。

要するに、「維新の党」から離党した大阪グループ（後に「日本維新の会」の議員ら）は、「なんば維新」を迂回させて政治資金（政党交付金）を確保し続け、橋下氏が表明した、その国庫への返還の約束を、平然と反故にしたことになります。

2016年1月～3月「なんば維新」の寄付供与（円）

支出の目的	金額	年月日	支出を受けた団体名称	所在地
寄付	243,142,519	2016/1/14	おおさか維新の会	大阪府大阪市
寄付	3,103,045	2016/1/15	おおさか維新の会衆議院大阪府第1選挙区支部	大阪府大阪市
寄付	522,851	2016/1/15	おおさか維新の会衆議院大阪府第2選挙区支部	大阪府大阪市
寄付	5,611,774	2016/1/15	おおさか維新の会衆議院大阪府第8選挙区支部	大阪府豊中市
寄付	3,000,000	2016/1/15	おおさか維新の会衆議院大阪府第8選挙区支部	大阪府豊中市
寄付	9,974,518	2016/1/15	おおさか維新の会衆議院大阪府第14選挙区支部	大阪府八尾市
寄付	3,181,555	2016/1/15	おおさか維新の会衆議院大阪府第19選挙区支部	大阪府泉佐野市
寄付	4,182,038	2016/1/15	おおさか維新の会維新の会参議院比例区第63支部	千葉県習志野市
寄付	19,490,005	2016/1/15	おおさか維新の会維新の会参議院兵庫県選挙区第1支部	兵庫県西宮市
寄付	9,518,972	2016/1/15	おおさか維新の会維新の会参議院比例区第1支部	岡山県岡山市
寄付	4,045,309	2016/1/15	おおさか維新の会維新の会参議院比例区第65支部	沖縄県浦添市
寄付	1,920,000	2016/1/15	岡山維新の会	岡山市
寄付	2,695,965	2016/1/15	徳島維新の会	徳島県徳島市
寄付	60,083	2016/1/15	宮崎維新の会	宮崎県宮崎市
寄付	1,824,596	2016/1/15	おきなわ維新の会	沖縄県浦添市
寄付	1,130,615	2016/1/18	おおさか維新の会維新の会衆議院大阪府第18選挙区支部	大阪府高石市
寄付	11,092,819	2016/1/20	おおさか維新の会維新の会参議院比例区第53支部	兵庫県尼崎市
寄付	2,409,714	2016/1/20	滋賀維新の会	滋賀県甲賀市
寄付	1,972,760	2016/2/9	おおさか維新の会維新の会衆議院埼玉県第4選挙区支部	埼玉県和光市
寄付	2,485,166	2016/2/9	おおさか維新の会維新の会衆議院千葉県第2選挙区支部	千葉県習志野市
寄付	5,670,729	2016/2/9	おおさか維新の会維新の会衆議院滋賀県第4選挙区支部	滋賀県甲賀市
寄付	188,289	2016/2/9	おおさか維新の会維新の会衆議院宮崎県第1選挙区支部	宮崎県宮崎市
寄付	696,867	2016/2/9	おおさか維新の会維新の会衆議院鹿児島県第1選挙区支部	鹿児島県鹿児島市
寄付	2,581,003	2016/2/9	なら維新の会	奈良県奈良市
寄付	318,887	2016/2/9	広島維新の会	広島市
寄付	873,839	2016/2/9	かごしま維新の会	鹿児島県鹿児島市
寄付	510,304	2016/3/9	おおさか維新の会	大阪府大阪市
その他の寄付	56,957	?	?	?
合計	342,261,179			

第3節　解散した「自由党」本部と支部の残金返還逃れ（2019年）

（1）「自由党」が解散前に「改革国民会議」（代表・平野貞夫）へ寄付

「日本未来の党」（代表・嘉田由紀子滋賀県知事）が2012年11月に結成されました（「日本未来の党が設立届　飯田氏『小沢氏は無役』」日本経済新聞2012年11月28日）が、同党は、翌12月の衆議院総選挙後に党名を「生活の党」（代表・森裕子）に変更し、翌2013年1月には小沢一郎衆議院議員が代表となり、2014年12月の衆議院議員総選挙で政党要件を失ったものの12月26日に無所属の山本太郎参議院議員が入党し政党要件を回復したため党名を「生活の党と山本太郎となかまたち」に変更し、翌2015年12月には小沢一郎議員と山本太郎議員の共同代表体制となり（「一郎＆太郎そろって記者会見　共同代表就任を発表『イスラム国』で政府批判」産経新聞2015年1月27日18時25分）、2016年10月12日には党名をさらに「自由党」へと変更しました（「生活が『自由党』に党名変更　小沢氏発表」日本経済新聞2016年10月12日17時30分）。

しかし、2019年4月に「国民民主党」と合併し、「自由党」は解散しました。「自由党」は、2019年の政治資金収支報告書及び政党交付金使途報告書によると、解散前に「国民生活会議」に対し計11億2100万円を寄付しましたが、そのうち計9億6100万円は政党交付金でした（表「自由党の寄付供与（2019年）」を参照）。

なお、「国民生活会議」は、前年2018年には「自由党」から寄付を全く受領してはおらず、2016年と2017年は寄付を受領しているものの、その金額は高額ではなく、少額に

自由党の寄付供与（2019年）

寄付供与額	うち政党交付金	年月日	支出を受けた団体名	所在地
920,000,000円	920,000,000円	2019/1/31	国民生活会議	東京都港区赤坂2-20-13 赤坂ヒルサイド402
150,000,000円		2019/1/31	国民生活会議	東京都港区赤坂2-20-13 赤坂ヒルサイド402
4,700,000円		2019/2/28	屋良朝博後援会	沖縄県沖縄市美原4-22-12 ピュアパルクB203
41,000,000円	41,000,000円	2019/4/25	国民生活会議	東京都港区赤坂2-20-13 赤坂ヒルサイド402
10,000,000円		2019/4/25	国民生活会議	東京都港区赤坂2-20-13 赤坂ヒルサイド402
1,125,700,000円	961,000,000円			

とどまっており、2019年は突出して高額な寄付（計11億2100万円）を「自由党」から受領しており、そのうちの9億6100万円が政党交付金でした（表『国民生活会議』の自由党からの寄付の受領（2016年～2019年）」を参照）。

2019年に「自由党」から計11億2100万円の寄付を受けていた「国民生活会議」（代表・吉村龍助）は政治団体であり、その主要な事務所の所在地は、「改革国民会議」（代表・平野貞夫）のそれと同じ東京都港区赤坂のビルの一室であり（表「自由党とその関係政治団体の基本情報（2019年）」を参照）、「国民生活会議」は「改革国民会議」から事務所費の無償提供を受けていました。

「改革国民会議」は、「小沢一郎政治塾」の「冬季合宿」「夏季合宿」を毎年開催している政治団体であり、「改革国民会議」の代表の

「国民生活会議」の自由党からの寄付の受領（2016年～2019年）

年月日	寄付額
2016年1月31日	240,000円
2017年9月30日	180,000円
2018年	—
2019年 （そのうち政党交付金）	計 1,121,000,000円 （計　961,000,000円）

自由党とその関係政治団体の基本情報（2019年）

政治団体名	自由党	国民生活会議	改革国民会議
所在地	東京都千代田区麹町4-5-6 麹町森永ビル4F	東京都港区赤坂2-20-13 赤坂ヒルサイド402	東京都港区赤坂2-20-13 赤坂ヒルサイド402
代表者	小沢一郎	吉村龍助	平野貞夫
会計責任者	平野貞夫	吉村龍助	平野貞夫
事務担当者	池田陽一	大迫亜紀	及川めぐみ
政治団体の種類	政党	その他の政治団体	その他の政治団体
党費・ 会費納入人数	0人	0人	0人

平野貞夫氏は元参議院議員で小沢一郎衆議院議員と行動を共にしてきた人物で、「自由党」の会計責任者を務めていました。

要するに、「国民生活会議」は、自由党が政党交付金の残金9億6100万円の国庫への返還を逃れるための受け皿としての政治団体として悪用されたのです。

(2)「自由党岩手県第3区総支部」（代表・小沢一郎）の残金返還逃れ

小沢一郎衆議院議員が代表を務める「自由党岩手県第3区総支部」は、「自由党」本部から2019年4月19日に200万円の政党交付金の交付を受けました。そして、同支部は、2019年4月26日に「陸山会」に対し政党交付金154万3830円を寄付していました。

「陸山会」は小沢一郎議員の資金管理団体です。「自由党岩手県第3区総支部」と「陸山会」は代表者のほか会計責任者も同じ人物です。

「陸山会」は参議院通常選挙の行われた2016年に小沢一郎議員が代表と務める政党支部から計370万円の寄付を受領していましたが、2017年と2018年はその政党支部からの寄付

「陸山会」の政党支部からの寄付の受領（2016年～2019年）

寄付した政党支部名	年月日	寄付額
生活の党と山本太郎となかまたち岩手県第3区総支部、自由党岩手県第3区総支部	2016年	計　3,700,000円
—	2017年	—
—	2018年	—
自由党岩手県第3区総支部	2019年4月26日 （そのうち政党交付金）	計　8,495,976円 （計　1,543,830円）

小沢一郎議員の党支部と陸山会の基本情報（2019年）

政治団体名	自由党岩手県第3区総支部	陸山会
所在地	岩手県奥州市水沢袋町2番38号	東京都千代田区永田町2-2-1 衆議院議員第一議員会館605号室
代表者	小沢一郎	小沢一郎
会計責任者	川辺嗣治	川辺嗣治
事務担当者	川辺嗣治	中村敬太
政治団体の種類	政党支部	資金管理団体、 国会議員関係政治団体
党費・ 会費納入人数	人	0人

の受領はありませんでした。しかし、2019年は前述のように政党交付金154万3830円の寄付を受領していました。その国庫への返還を逃れるために「陸山会」は悪用されたのです。

第4節　解散した「日本のこころ」本部と支部の残金返還逃れ（2016年〜18年）

（1）「日本のこころ参議院比例第2支部」（中山恭子代表）の残金返還逃れ（2017年）

「日本維新の会」が2014年7月末に解党し、当時同党の共同代表だった石原慎太郎氏のグループは8月1日、「次世代の党」（党首・平沼赳夫）を結党しました。2015年10月には代表は中山恭子氏となり、同年12月に党名を「日本のこころを大切にする党」へと変更し（「次世代の党が党名を一新『日本のこころを大切にする党』に」産経新聞2015年12月21日11時36分）、さらに2017年2月、党名を「日本のこころ」へと変更しました（「党名『日本のこころ』に　党名短縮で浸透狙う」産経新聞2017年2月7日23時55分）。

しかし、「日本のこころ」は、同年9月には中山代表が新党「希望の党」（代表・小池百合子東京都知事）に移籍するために離党していまいました（「日本のこころの中山恭子代表が離党」産経新聞2017年9月25日18時28分）。

中山恭子氏が離党した日（2017年9月25日）に、自らが代表を務めていた「日本のこころ参議院比例第2支部」は大半が政党交付金であった政治資金約2億1000万円を自らの政治団体に移しており、同支部は翌日（9月26日）解散していたことが発覚しました（「中山恭子氏、離党日に2億円移転『こころ』支部から自らの団体へ」西日本新聞2018年12月1日17時50分）。

「日本のこころ参議院比例第2支部」の2017年分の政治資金収支報告書と政党交付金使途報告書で確認したところ、同支部は、2017年に、本部から計2億1700万円の交付金を受け取っていましたが、その全額は政党交付金でした。そして、同支部は、同年内に、二つの政治団体に計2億1231万円余りを寄付しており、そのうちの計2億726万円余りが政党交付金でした。

日本のこころ参議院比例第2支部（代表・中山恭子）の2017年の交付金受領

交付金を供与した本部の名称	政治資金	そのうち政党交付金	年月日	主たる事務所の所在地
日本の心を大切にする党	800万円	800万円	2017年1月30日	東京都千代田区永田町1-11-28
日本のこころ	1300万円	1300万円	2017年4月26日	東京都千代田区永田町1-11-28
日本のこころ	1300万円	1300万円	2017年7月28日	東京都千代田区永田町1-11-28
日本のこころ	7000万円	7000万円	2017年8月15日	東京都千代田区永田町1-11-28
日本のこころ	5000万円	5000万円	2017年8月31日	東京都千代田区永田町1-11-28
日本のこころ	5000万円	5000万円	2017年9月15日	東京都千代田区永田町1-11-28
日本のこころ	1300万円	1300万円	2017年9月25日	東京都千代田区永田町1-11-28
合計	2億1700万円	2億1700万円		

「日本のこころ」の主たる事務所は、当時、「中山恭子後援会」のそれと同じ所在地でしたが、その後、宮城県仙台市内に移しました。「日本のこころ参議院比例第2支部」は2017年9月26日に解散

日本のこころ参議院比例第2支部（代表・中山恭子）の2017年の寄付供与

支出の目的	政治資金	そのうちの政党交付金	年月日	支出を受けた者の名称
寄付	1億7000万0000円	1億7000万0000円	2017年9月25日	経綸の会
寄付	3941万2353円	3726万6116円	2017年9月25日	国想い夢紡ぐ会
寄付	290万4991円	0円	2017年9月25日	国想い夢紡ぐ会
合計	2億1231万7344円	2億0726万6116円		

「国想い夢紡ぐ会」と「経綸の会」の政党支部からの寄付の受領（2014年～2017年）

寄付した政党支部名	年月日	寄付額（うち政党交付金）	受領した政治団体名
—	2014年	—	—
—	2015年	—	—
日本のこころを大切にする党参議院比例第二支部	2016年12月30日	372,028円	国想い夢紡ぐ会
日本のこころ参議院比例第2支部	2017年9月25日	170,000,000円（170,000,000円）	経綸の会
	2017年	計　42,317,344円（37,266,116円）	国想い夢紡ぐ会

2017年の寄付の時点での中山恭子議員の政党支部・政治団体の基本情報

	日本のこころ参議院比例第2支部	経綸の会	国想い夢紡ぐ会
事務所の所在地	東京都新宿区市谷本村町2-4デユオ・スカーラ市ヶ谷201号	東京都新宿区市谷本村町2-4デユオ・スカーラ市ヶ谷201号	東京都新宿区市谷本村町2-4デユオ・スカーラ市ヶ谷201号
代表	中山恭子	中山恭子	中山恭子
会計責任者	高橋陽一	高橋陽一	高橋陽一
事務担当者	高橋陽一	北原千代美	北原千代美
政治団体の種類	政党支部	国会議員関係政治団体	資金管理団体、国会議員関係政治団体
党費・会費納入人数	0人	0人	0人

「経綸の会」も「国想い夢紡ぐ会」も、その後、主たる事務所の所在地を「中山恭子後援会」のそれ（千代田区永田町1丁目11番28号）に移している

その二つの政治団体とは、「経綸の会」と「国想い夢紡ぐ会」という名称の中山氏の国会議員関係政治団体でした。その主たる事務所の所在地はいずれも中山氏が代表の「日本のこころ参議院比例第2支部」のそれと同じでした。「経綸の会」は2016年までは存在せず、翌2017年に結成され、「国想い夢紡ぐ会」は、2014年から2016年までの政党支部（政治団体を除く）からの寄付受領の有無を政治資金収支報告書で確認すると、2016年末に約37万円あるだけでした。つまり、「経綸の会」と「国想い夢紡ぐ会」は、2017年における政党支部の政党交付金の残額2億7226万6116円を国庫返還逃れするために悪用されたのです。

なお、中山恭子氏は、後述するように、2018年と2019年にも自らが代表を務める二つの「希望の党参議院比例区第1支部」解散前にも同じ手口を使って政党交付金の国庫への返還逃れを行っています。

（2）「日本のこころ」（代表・中野正志）の残金返還逃れ（2018年）

「日本のこころ」（代表・中野正志）は、2017年10月の衆議院総選挙で「政党」要件を失ったため、翌2018年10月31に解散し、翌11月1日に自民党に合流しました。

同党は、2018年政党交付金使途報告書によると、政党交付金につき約2400万円を残したまま解散していました。総務省は、翌2019年3月28日、「日本のこころ」の代表だった自民党の中野正志参議院議員に対し、「日本のこころ」の政党交付金の未使用残金2400万円を翌4月16日までに国庫へ返還するよう命じたと発表しました（「旧こころに交付金返還命令　総務省、2400万円」産経新聞2019年3月28日17時46分）

ところが、「日本のこころ」は、解散前に、政党交付金の国庫への返還を事実上逃れる寄付行為を行っていたのです。解散前の「日本のこころ」（代表・中野正志）は2018年の政治資金収支報告書及び政党交付金使途報告書によると、宮城県仙台市内に「主要な事務所」を置いており、解散する前に計5000万円の政党交付金を政治団体「新日本のこころ」（代表・中野正志）に、20万円の政党交付金を「公益財団法人日本文化興隆財団」にそれぞれ寄付していたのです。両者はいずれも東京都内が所在地です（表「『日本のこころ』の寄付供与（2018年）」を参照）

いずれも、政党交付金の残金の返還を逃れるための寄付でした。

（3）「日本のこころ」支部の残金返還逃れ（2018年）

「日本のこころ」本部（代表・中野正志）は解散した2018年に「組織活動費」名目で三つの支

「日本のこころ」の寄付供与（2018年）

支出目的	寄付額	うち 政党交付金	年月日	支出を受けた団体名	所在地
寄付金	9,000,000円	9,000,000円	2018/8/10	新日本のこころ	東京都中央区銀座1-14-5 5F
寄付金	9,000,000円	9,000,000円	2018/9/10	新日本のこころ	東京都中央区銀座1-14-5 5F
寄付金	23,000,000円	23,000,000円	2018/9/27	新日本のこころ	東京都中央区銀座1-14-5 5F
寄付金	9,000,000円	9,000,000円	2018/10/10	新日本のこころ	東京都中央区銀座1-14-5 5F
寄付金	200,000円	200,000円	2018/10/31	公益財団法人日本文化興隆財団	東京都渋谷区千駄ヶ谷4-5-10
合計	50,200,000円	50,200,000円			

「日本のこころ」は2018年10月31日に解散

部に対し計３７００万円を寄付していました。それは全額政党交付金でした（表『日本のこころ』本部の３つの党支部への寄付（２０１８年）」を参照）

そのうち「日本のこころ参議院比例第１支部」（代表・中野正志）は、２０１８年分の政治資金収支報告書及び政党交付金使途報告書によると、「日本のこころ」本部から計２５００万円の寄付を受領しましたが、それは全額政党交付金でした。そして、そのうちの１０００万円を「政策活動費」名目で２０１８年10月１日中野正志参議院議員（当時）個人に対し寄付しましたが、それも全額政党交付金でした。同支部は同月31日に解散し、自民党に移籍した中野参議院議員は２０１９年参議院通常選挙に立候補しませんでした。

また、「日本のこころ参議院比例第４支部」（代表・手登根安則）は、２０１８年の政党交付金使途報告書によると、「日本のこころ」本部から４８０万円の寄付を受領し、そのうちの４４９万８８７８円の政党交付金を２０１８年10月29日資金管理団体「ボギーてどこ

「日本のこころ」本部の3つの党支部への寄付（2018年）

支出目的	寄付額	うち政党交付金	年月日	支出を受けた団体名	所在地
組織活動費	7,200,000円	7,200,000円	2018/1/19	日本のこころ参議院比例第3支部	大阪府堺市
組織活動費	10,000,000円	10,000,000円	2018/1/22	日本のこころ参議院比例第1支部	宮城県仙台市
組織活動費	4,800,000円	4,800,000円	2018/1/22	日本のこころ参議院比例第4支部	沖縄県宜野湾市
組織活動費	10,000,000円	10,000,000円	2018/6/8	日本のこころ参議院比例第1支部	宮城県仙台市
組織活動費	5,000,000円	5,000,000円	2018/9/27	日本のこころ参議院比例第1支部	宮城県仙台市
合計	37,000,000円	37,000,000円			

「日本のこころ」は2018年10月31日に解散

「日本のこころ」本部から政党交付金の交付を受けた2つの支部の寄付供与（2018年）

政党支部名	本部から受領した交付金	そのうちの寄付供与	年月日	寄付を受けた者
日本のこころ参議院比例第1支部（代表・中野正志）	2500万円	1000万円	2018年10月1日	中野正志
日本のこころ参議院比例第4支部（代表・手登根安則）	480万円	449万8878円	2018年10月29日	「ボギーてどこん後援会」（代表・手登根安則）

「日本のこころ」も「日本のこころ参議院比例第一支部」も2018年10月31日に解散。「日本のこころ参議院比例第4支部」は同年11月30日解散報告

「日本のこころ」の2つの政党支部の各寄付

年	日本のこころ参議院比例第1支部の中野正志議員への寄付	日本のこころ参議院比例第4支部のボギーてどこん後援会への寄付
2016年	—	—
2017年	—	—
2018年	1000万円	449万8878円

ん後援会」（代表・手登根安則）に寄付し、翌11月30日に解散を報告しました。
いずれも、政党支部の政党交付金の残金の返還を逃れるために寄付でした。

（4）「ボギーてどこん後援会」（代表・手登根安則）の2つの政党交付金持ち逃げ疑惑

「ボギーてどこん後援会」（代表・手登根安則）については、二つの政党交付金持ち逃げ疑惑があります。

一つは2016年の「横領」疑惑です。「ボギーてどこん後援会」は、同年に、「日本のこころを大切にする党本部」から計104万9000円の寄付を受領していましたが、そのうち少なくとも100万円（同年6月20日）は政党交付金でした（なお、「日本のこころを大切にする党」は政治資金収支報告書および政党交付金使途報告書の提出時には「日本のこころ」であり、その党名の各報告書によると、100万円は「ボギーてどこん後援会」への寄付ではなく、手登根安則氏への「陣中見舞金」と記載されています）。ところが、「ボギーてどこん後援会」の政治資金収支報告書における政治活動費の「その他の経費」欄には、同年8月31日に184万6514円の支出が記載され、その「支出の目的」欄には「旧会計責任者による横領」と記載されていたのです。要するに、政党交付金100万円を含む184万6514円が持ち逃げ（横領）されたのです。

もう一つは持ち逃げ疑惑であり、2018年です。前述したように「日本のこころ参議院比例第4支部」（代表・手登根安則）は、2018年に、「日本のこころ」本部から480万円の寄付を受領し、そのうちの449万8878円を2018年10月29日資金管理団体「ボギーてどこん後援会」

（代表・手登根安則）に寄付し、翌11月30日に解散を報告しました。ところが、「ボギーてどこん後援会」の2018年分政治資金収支報告書については沖縄県選挙管理委員会に2年間提出していなかったので、政治資金規正法第17条第2項により、2020年6月1日以後、「政治活動（選挙運動を含む）のために寄付を受け、又は支出することができない団体」となりました（沖縄県選挙管理委員会委員長は同条第3項に基づき2020年8月14日付で、その旨を公表している）。「ボギーてどこん後援会」の2017年分政治資金収支報告書によると、翌年への繰越額は10万4096円でした。

つまり、「日本のこころ」本部から受領した政党交付金449万8878円を含む490万4096円がいつ、誰に支出されたのか、全く不明のままであり、代表の手登根安則氏がその収支を会計帳簿や領収書など客観的資料に基づいて説明しなければ、持ち逃げしたのではないかとの疑惑が生じてしまいます。

第5節　「希望の党」(代表・松沢成文)の支部の残金返還逃れ(2018年〜19年)

(1)元「日本のこころ」代表の中山恭子参議院議員の場合(2482・7万円)

中山恭子氏は、代表を務めていた時期もあった「日本のこころ」を2017年9月に離党し、小池百合子東京都知事を代表とする新党「希望の党」設立に参加し、その後「希望の党」(代表・玉木雄一郎)分党に伴い新たに発足した「希望の党」(代表・松沢成文)の顧問に2018年5月7日就任しました(「国民民主党参加者、不参加者、新『希望の党』参加者一覧」産経新聞2018年5月7日22時11分)が、翌2019年4月8日、同年予定の参議院議員通常選挙には出馬せず政界を引退すると自身のフェイスブックページで表明しました(「中山恭子元拉致担当相が参院選不出馬を正式表明」産経新聞2019年4月8日16時59分)。

中山恭子氏は、前述したように、2017年に「日本のこころ」の代表としても「日本のこころ参議院比例第2支部」の代表としても、政党交付金の国庫への返還逃れを行っていましたが、2018年と2019年にも自らが代表を務める「希望の党参議院比例区第1支部」の代表としても同じ手口を使って政党交付金の国庫への返還逃れを行っていました。

「希望の党参議院比例区第1支部」は2018年5月7日に「希望の党」(代表・玉木雄一郎)のときに解散しましたが、「希望の党」(代表・松沢成文)でも同名の支部が結成され、2019年9月30日に解散していますが、遅くとも政界引退を表明した同年4月8日の時点で同支部は解散予定でした。

希望の党参議院比例区第1支部（代表・中山恭子）の2018年と2019年の交付金受領

交付金供与本部名	政治資金	そのうち政党交付金	年月日	主たる事務所の所在地
希望の党本部（玉木雄一郎）	300万円	300万円	2018年4月23日	東京都千代田区永田町1-11-28
希望の党本部（松沢成文）	500万円	500万円	2019年3月8日	東京都千代田区永田町1-11-4
希望の党本部（松沢成文）	1500万円	1500万円	2019年4月22日	東京都千代田区永田町1-11-4
希望の党本部（松沢成文）	2000万円	2000万円	2019年5月31日	東京都千代田区永田町1-11-4
希望の党本部（松沢成文）	1000万円	1000万円	2019年6月28日	東京都千代田区永田町1-11-4
合計	5300万円	5300万円		

希望の党参議院比例区第1支部（代表・中山恭子）の2018年と2019年の寄付供与

支出の目的	政治資金	そのうち政党交付金	年月日	支出を受けた者の名称
寄付	300万0000円	300万0000円	2018年4月26日	国想い夢紡ぐ会
寄付	1500万0000円	1500万0000円	2019年5月31日	国想い夢紡ぐ会
寄付	682万7336円	682万7336円	2019年9月27日	国想い夢紡ぐ会
合計	2482万7336円	2482万7336円		

2018年と2019年の寄付の時点での中山恭子議員の政党支部・政治団体の基本情報

	希望の党参議院比例区第1支部	国想い夢紡ぐ会
事務所の所在地	東京都千代田区永田町1丁目11月番28号(2018年) 東京都新宿区四谷本塩町4番40号(2019年)	東京都千代田区永田町1丁目11月番28号(2018年) 東京都新宿区四谷本塩町4番40号(2019年)
代表	中山恭子	中山恭子
会計責任者	高橋陽一	澁谷生子
事務担当者	高橋陽一	澁谷生子
政治団体の種類	政党支部	その他の政治団体
党費・会費納入人数	0人	0人

まず、2018年の政治資金収支報告書および政党交付金使途報告書によると、「希望の党本部」（代表・玉木雄一郎）から同年4月23日に300万円の交付を受けましたが、その全額が政党交付金でした。そして同月26日に300万円を「国想い夢紡ぐ会」に寄付していましたが、その全額が政党交付金でした。

また、2019年の政治資金収支報告書および政党交付金使途報告書によると、同年6月末までに、「希望の党本部」（松沢成文）から計5000万円の交付を受けましたが、その全額が政党交付金でした。そして解散するまでに計2182万円余りを「国想い夢紡ぐ会」に寄付していましたが、その全額が政党交付金でした。

寄付を受けた「国想い夢紡ぐ会」は、両年とも、中山氏の資金管理団体であり国会議員関係政治団体で、主要な事務所の所在地を含め「希望の党参議院比例区第1支部」と同じです。

以上を含め「日本のこころ」のとき以降の解散支部の政党交付金の国庫返還逃れを合計すると、少なくとも計2億3209万円になります。

なお、「経綸の会」は、「希望の党参議院比例区第1支部」と同じく2019年9月30日に解散していますが、2019年の政治資金収支報告書によると、同年5月31日、2000万円を「中山恭子後援会」に、同年9月30日、4143万9066円を「国想い夢紡ぐ会」に、それぞれ寄付していました。「中山恭子後援会」も主要な事務所の所在地は「経綸の会」等と同じであり、同年9月30日に解散していますが、同日に2235万8019円を「国想い夢紡ぐ会」に寄付していました。つまり、「国想い夢紡ぐ会」は、中山議員の関係の政治団体からそれらの解散日に計

中山恭子議員の政党支部の政治団体への寄付供与のまとめ

支出の目的	政治資金	そのうち政党交付金	年	支出を受けた者の名称
寄付	1億7000万0000円	1億7000万0000円	2017年	経綸の会
寄付	4231万7344円	3726万6116円	2017年	国想い夢紡ぐ会
寄付	300万0000円	300万0000円	2018年	国想い夢紡ぐ会
寄付	2182万7336円	2182万7336円	2019年	国想い夢紡ぐ会
合計	2億3714万4680円	2億3209万3452円		

「国想い夢紡ぐ会」が中山恭子議員の関係政治団体から受領した寄付

寄附した団体名	金額	年月日
希望の党参議院比例区第1支部	2182万7336円	2019年
経綸の会	4143万9066円	2019年9月30日
中山恭子後援会	2235万8019円	2019年9月30日
合計	8562万4421円	

「経綸の会」も「中山恭子後援会」も寄付した2019年9月30日に解散。「希望の党参議院比例区第1支部」も同日に解散

6379万7085円の寄付を受領していたのです。

前述の「希望の党参議院比例区第1支部」からの寄付を含めると総計8562万4421円になります。「国想い夢紡ぐ会」（代表・中山恭子）は、7月下旬に「その他の政治団体」になり、2019年末の時点で1億108万円余りを翌年に繰り越していました。

(2) 松沢成文参議院議員の場合（6954万円）

松沢成文氏は、神奈川県議会議員を経て1993年7月の衆議院総選挙に神奈川2区より「新生党」公認で立候補し当選し、それ以降、「新進党」「民主党」公認で立候補し当選を繰り返した後、2003年の神奈川県知事選に立候補（無所属）して当選、2007年には知事再選。2011年4月、神奈川県知事を退任後、筑波大学客員教授に就任。2012年11月の東京都知事

選挙に立候補し落選しました。

翌2013年7月の参議院選挙に神奈川県選挙区より「みんなの党」公認で立候補して当選し、2014年11月「みんなの党」が解党した後に「次世代の党」に参加（副党首、党幹事長）したものの、2015年8月「次世代の党」を離党して無所属になり、2017年9月「希望の党」結党に参画しましたが、2018年5月、同党は分裂し、新たに「希望の党」を結党し代表に就任しました。しかし、2019年5月「希望の党」代表を辞任し、6月に同党を離党して「日本維新の会」に入党し、7月の参議院選挙に神奈川県選挙区より「日本維新の会」公認で立候補し、再選されました。

松沢成文議員が代表を務めた「希望の党参議院神奈川県選挙区第1支部」は2019年に解散しています。その2019年分政党交付金使途書によると、政党交付金の支部基金として約1454万円余りを保有しており、同年5月末までに「希望の党本部」から計5500万円の政党交付金の交付を受けていましたが、合計約6954万円全額を使い切って解散しました。

同支部は、その際、解散までに計6954万円余りの全額を二つの政治団体に寄付していました。同支部から寄付を受けた政治団体とは、一つは「地域政経研究会」であり、党支部から1000万円の寄付を受領していました。もう一つは「神奈川力」であり、同支部から計5954万円余りの寄付を受領していました。

「神奈川力」は代表が松沢成文議員であり、主たる事務所の所在地も会計責任者も電話番号も「希望の党参議院神奈川県選挙区第1支部」のそれらと全く同じでした。「神奈川力」の2016年か

松沢成文議員の2つの政治団体の収支（2016年～2018年）

政治団体の名称	収支	2016年	2017年	2018年
地域政経研究会	本年の収入	857円	86円	70円
	支出	0円	約200万円	約1.1万円
神奈川力	本年の収入	0円	0円	0円
	支出	0円	0円	0円

「地域政策研究会」の2017年の支出のうち200万円は「希望の党」への寄付

希望の党参議院神奈川県選挙区第1支部（代表・松沢成文）の政治団体への寄付供与（2019年）

支出の目的	政治資金	うち政党交付金	年月日	支出を受けた団体名
寄付		10,000,000円	2019年3月27日	地域政経研究会
寄付		10,000,000円	2019年3月27日	神奈川力
寄付		34,737,462円	2019年6月4日	神奈川力
寄付		14,542,790円	2019年8月13日	神奈川力
寄付		262,538円	2019年11月28日	神奈川力
合計		69,542,790円		

松沢成文議員の政党支部・政治団体の基本情報（2019年）

	希望の党 参議院神奈川県 選挙区第1支部	神奈川力	地域政経研究会
	神奈川県横浜市西区戸部町6-209相模物産横浜ビル102号室	神奈川県横浜市中区蓬莱町2-4-5関内DOMONビル6階13号室	東京都世田谷区奥沢5-5-6
代表者	松沢成文	松沢成文	松沢成文
会計責任者	持丸優	持丸優	持丸優
事務担当者	岡田香織	岡田香織	岡田香織
政治団体の種類	国会議員関係政治団体	国会議員関係政治団体	資金管理団体、 国会議員関係政治団体
党費・ 会費納入人数	0人	0人	0人

なお、「松沢なりふみ後援会」は代表者以外、「希望の党参議院神奈川県選挙区第1支部」と同じである

ら2018年までの政治資金収支報告書によると、収入も支出も0円で休眠状態でしたので、「希望の党参議院神奈川県選挙区第1支部」が政党交付金の国庫返還逃れをするために利用した政治団体であったと言っても過言ないでしょう。

「地域政経研究会」は松沢議員の資金管理団体であり、主たる事務所の所在地は東京都内ですが、電話番号を含め「神奈川力」と全く同じで、2016年から2018年まで、収入は1000円未満でほとんどありませんでしたので、「神奈川力」と同様の役割を果たした政治団体でした。

要するに、松沢成文議員は、二つの政治団体を受け皿にして計6954万円余りの政党交付金の国庫への返還逃れを行っていたのです。

第1編　政党助成金の事実上の問題点（事件編）

第3章　使途の透明度の低さと事実上の使途不明金問題

第1節　使途の透明さの低さ

(1)「支出の透明度」にとって重要である「政治団体の種類」

本書第2編第1章で解説するように、政党交付金の交付を受けられるのは、政党助成法の定める要件を充足した「政党」のうち、手続きをとった「政党」だけです。政党交付金の交付を受けた「政党」の本部は党内の各支部に政党交付金を交付することは自由です。

政党助成法は、政党交付金の使途を政党交付金使途報告に記載することを義務づけていますので、政党交付金の交付を受けた「政党」の本部と支部は、その収入と支出（収支）を政党交付金使途報告書に記載しなければなりません。

また、政治資金規正法は、政治資金収支報告書に政治資金の収支を記載することを義務づけています。政党交付金は政治資金に含まれますので、政党交付金の交付を受けた「政党」の本部と支部が政治資金規正法に基づき政治資金収支報告書に政治資金の収支を記載するときには、政党交付金を含めて記載する必要があります。

政党交付金の原資は税金ですから、政党交付金の使途は主権者国民・納税者に公開されなければなりません。しかし、政党交付金の使途の透明度は政治資金規正法に比べ低いのです。その透明度を左右するのが、政治資金規正法における政治団体の種類です。同法によると、政治団体には、「資金管理団体」、「国会議員関係政治団体」、「その他の政治団体」があります。

まず、「資金管理団体」とは「公職の候補者が、その代表者である政治団体のうち、その者のために政治資金の拠出を受けるべき政治団体と指定したもの」です（第19条）

2007年12月政治資金規正法の改正によって導入されたのが「国会議員関係政治団体」です。それは、以下の政治団体です。

①「衆議院議員又は参議院議員に係る公職の候補者が代表者である政治団体」

②寄付者が税制上の優遇措置を受けられる政治団体のうち、「特定の衆議院議員又は参議院議員に係る公職の候補者を推薦し、又は支持することを本来の目的とする政治団体」

③「政党の支部」で、「衆議院議員又は参議院議員に係る選挙区の区域又は選挙の行われる区域を単位として設けられるもののうち、衆議院議員又は参議院議員に係る公職の候補者が代表者であるもの」

以上の「国会議員関係政治団体」の定義によると、政党本部、公職の候補者を代表としない政党支部、政党支部の連合体、派閥の政治団体、地方議会議員を代表とする政党支部・政治団体などは、「国会議員関係政治団体」ではないことになります。また、「特定の衆議院議員又は参議院議員に係る公職の候補者を推薦し、又は支持することを本来の目的とする政治団体」であっても、寄付者が税制上の優遇措置を受けられる政治団体でなければ、「国会議員関係団体」にはなりません。これでは、国会議員の事実上の政治団体であっても、後述するように、政党交付金・政治資金の明細報告逃れができてしまうのです。

(2)「政治団体の種類」によって異なる「支出の透明度」

政治資金の透明度を左右するのが、政治団体の政治資金の「支出」項目です。政治資金規正法によると、「支出」は大きく「経常経費」と「政治活動費」に分けられています。「経常経費」は一般に「人件費」「光熱水費」「備品・消耗品費」「事務所費」などの項目があり、「政治活動費」は一般に「組織活動費」「選挙関係費」「機関紙誌発行その他事業費」「調査研究費」「寄付・交付金」などの項目があります。

いかなる政治団体も、以上の各項目の支出合計額を政治資金収支報告書に記載しなければなりません。そのうえで、「人件費」はいかなる政治団体もその支出合計額しか記載義務がなく、透明度が低いのですが、その他の経常経費と政治活動費については、「政治団体の種類」によって、その内訳など詳細を政治資金収支報告書に記載する義務があるかどうかが決まり、公開基準の違いも加わって、透明度が異なっています。

政治資金規正法によると、「国会議員関係政治団体」の場合には、「人件費」を除く「経常経費」の支出も「政治活動費」の支出も、全て「1件当たりの金額（数回にわたってされたときは、その合計金額）が1万円を超えるもの」については「支出を受けた者の氏名及び住所並びに当該支出の目的、金額及び年月日」（以下「支出を受けた者の氏名等」という）を政治資金収支報告書に記載するよう義務づけられ（第19条の10）、かつ、「1万円以下」の全支出（人件費を除く）については、その領収書等の写しの情報開示が制度化されました（第19条の16）

一方、「国会議員関係政治団体」ではない、「公職の候補者…のために政治資金の拠出を受ける」「資

政治資金の支出の明細の記載および領収書の写しの添付の基準

政治団体の種類		国会議員関係政治団体（2009年分から）	資金管理団体（国会議員関係政治団体以外。2008年分から）	その他の政治団体（国会議員関係政治団体・資金管理団体以外）
経常経費	人件費	×	×	×
	「光熱水費」等の各項目	1万円超	5万円以上	×
政治活動費	「組織活動費」等の各項目	1万円超	5万円以上	5万円以上

「×」は個々具体的な記載（および領収書の写しの添付）が不要を意味する。総務省の資料から上脇が作成

金管理団体」では、「国会議員関係政治団体」の場合の前述の「1万円を超えるもの」が「5万円以上のもの」とされました。つまり、「1件当たりの金額（……合計金額）が5万円以上のもの」については「支出を受けた者の氏名等」を政治資金収支報告書に記載する義務があるのです（第19条の5の2）。逆に言えば、年間5万円未満の各支出については、その詳細を報告することは義務づけされてはいないのです。

さらに、「国会議員関係政治団体」でも「資金管理団体」でもない、「その他の政治団体」の場合には、「支出を受けた者の氏名等」を収支報告書に記載すべきなのは、「1件当たりの金額（……合計金額）が5万円以上の」「政治活動費」だけであり、「経常経費」については、5万円以上の支出もその詳細を報告することは義務づけられてはいないのです（第12条第1項第2号。表「政治資金の支出の明細の記載および領収書の写しの添付の基準」を参照）。

政党交付金を受領している「政党」の本部や支部は、政党交付金を含む政治資金の収入と支出（収支）を政治資金収支報告書に記載しますが、しかし、支出については、それが政党交付金の支出なのか、政党交付金以外の政治資金の支出なのかは、同収支報告書を見ただ

けではわかりません。それゆえ、「政党」の本部と支部の各政党交付金使途報告書を見るしかありません。

（3）政党交付金使途報告における使途の透明度の低さ

一方、政党交付金は税金が原資であるにもかかわらず、現行の政党助成法によると、政党交付金の使途については透明度が高いわけではありません。

政治資金収支報告については、前述したように、「国会議員関係政治団体」の支出の場合、「人件費」を除くすべての支出の1件につき1万円超の支出については支出先の名称など明細を政治資金収支報告書に記載することが義務づけられています。しかし、政党交付金の支出については、「国会議員関係政治団体」の場合であっても、「これを受けた者の氏名及び住所並びにその目的、金額及び年月日並びに当該政党交付金による支出に充てた政党交付金の金額又はこれに充てるため取り崩した政党基金の金額」（「……政党基金の金額」は政党支部の場合「……支部基金の金額」）という明細を使途報告書に記載することが義務づけられているのは、「1件当たりの金額（数回にわたってされたときは、その合計金額）が5万円以上のもの」に限定されている上に、「人件費」と「光熱水費」については、そのような明細を記載する義務はなく、いずれも各支出合計額だけを記載するだけでよいのです（政党助成法第17条第1項第2号・第3号、第18条第1項第2号・第3号、政党助成法施行規則第12条。本書第2編第3章第4節の表「政党交付金の使途の明細の記載および領収書の写しの添付の基準と国会議員関係政治団体の政治資金の支出のそれ」を参照）。その結果、政党交付金の使途については、政党交付金使途報告書だけを見ても、詳細が十分

各政党の政治資金からとそのうちの政党交付金からの「人件費」の各支出（2018年）

政党名	政治資金の支出	そのうち 政党交付金の支出	政党交付金の 占める割合
自由民主党（安倍晋三）	2,316,729,298円	2,280,325,650円	98.43％
希望の党（松沢成文）	9,712,349円	9,712,349円	100％
公明党（山口那津男）	2,413,637,250円	1,563,223,465円	64.77％
国民民主党（玉木雄一郎）	738,721,114円	657,354,804円	88.99％
社会民主党（又市征治）	142,280,589円	58,967,800円	41.44％
自由党（小沢一郎）	23,832,102円	23,832,102円	100％
日本維新の会（松井一郎）	178,123,221円	157,974,133円	88.69％
立憲民主党（枝野幸男）	190,476,305	169,755,121円	89.12％

わかるとは言い難いのです。

政党交付金は必ず「人件費」「光熱水費」に充てなければならないわけではありません。しかし、政党交付金の交付を受けている「政党」の本部や支部は政党交付金を「人件費」等に充てています。本書第2編で解説するように「政党」の支出のうちの「経常経費」のなかで一番支出額が多いのが「人件費」です。

（4）特に明細不明な「人件費」の問題

例えば、自民党本部の2018年の「人件費」の合計額は23億1673万円弱、そのうち、政党交付金は22億8033億円弱で、98・4％が政党交付金でした。社会民主党を除き、他党も50％を超えており、希望の党（代表・松沢成文）と自由党（代表・小沢一郎）は100％でした。

政党助成法によると、「人件費」については、年間の支出合計額は政党交付金使途報告書に記載されますが、いつ、誰に、幾ら支払ったという明細が記載されません。この点は、政治資金規正法でも同じです。

第2節　「事実上の政党交付金」の使途不明金

(1) 政党交付金の交付を受けている政党の政治資金は実質としては政党交付金

政党交付金の支出は政党交付金使途報告書に記載されており、政治資金収支報告書には政党交付金を含めて政治資金の収支が記載されていますが、政党交付金の使途が原則として制限されていないため、支出の原資が政党交付金なのか、政党交付金以外の政治資金なのかについては、政党の側で判断されることになります。

ということは、納税者からすれば、カネに色がついていない以上、政党交付金を受領している政党の政治資金の支出は、全額、政党交付金の使途と受けとめてもいいはずです。言い換えれば、政党交付金を受領している政党本部や政党支部の場合、政党交付金使途報告書における使途内容に問題がないとしても、政治資金収支報告書の支出内容に問題があれば、それは事実上（あるいは実質的に）政党交付金の使途の問題として批判を加えてもよいのです。

(2) 使途が不明になっている議員らへの本部の寄付

実は、政党交付金を受け取っている自民党をはじめ多くの「政党」においては、最終的な支出先が不明な政治資金があります。それは本章第1節で指摘した透明度の低さとは別の次元の問題であり、また、公職選挙法に基づき候補者の選挙運動費用収支報告書において収支報告される公認料とも異なるものです。

2017年～2019年の各政党の「政策活動費」等の名目での国会議員への寄付支出（1万円未満は四捨五入）

政党名	支出の目的	2017年	2018年	2019年
自由民主党本部	政策活動費 調査費	19億1730万円 約1億1597万円	12億1320万円 1億4335万円	12億9010万円 8300万円
民進党	政策活動費	9億9130万円	―	―
国民民主党	政策活動費	―	2億9100万円	0円
自由党	組織活動費	1億6000万円	7800万円	1000万円
希望の党（玉木雄一郎）	組織活動費	0円	3520万円	―
日本維新の会国会議員団	政策活動費	約4245万円	3405万円	約5866万円
社会民主党	組織活動費 国会対策事務費	1720万円 515万円	1729万円 380万円	1530万円 380万円
日本のこころ	政策活動費	約4515万円	1400万円	―
立憲民主党	なし	0円	0円	0円
日本共産党中央委員会	なし	0円	0円	0円
希望の党（松沢成文）	なし	0円	0円	
公明党	なし	0円	0円	0円
ＮＨＫから国民を守る党		―	―	0円
れいわ新選組		―	―	40万円

民進党は2018年5月7日に国民民主党へと名称を変更。希望の党（代表・玉木雄一郎）は2018年5月7日に解散。「日本のこころ」（代表・中野正志）は2018年10月31日に解散。「自由党」は2019年4月に「国民民主党」と合併し解散。なお、「調査委託費」の名目で公職の候補者等に支出している政党があるが、実態が不明のため現時点では使途不明金だと断定できない

党本部等が幹事長などの国会議員ら（公職の候補者）に対し「政策活動費」「組織活動費」「調査費」等の名目で政治資金を寄付し、それを受領した国会議員らはどこにもそれを収支報告していないのです。つまり、最終的な使途が不明なのです。多くの政党でこの種の使途不明金がありますが、自民党は突出して高額です（表「2018年～2019年の各政党の『政策活動費』等の名目での国会議員への寄付支出」を参照）

（3）政治資金規正法の不遵守の結果

このような使途不明金の存在は、政治資金規正法が遵守されず、違法な運用がなされた結果です。同法は、国会議員などの「公職の候補者」に対する政治活動のための寄付を原則として禁止しているが、その寄付者が政党の場合については例外として許容している（第21条の2）ので、自民党本部は「政策活動費」等の名目の寄付を幹事長らに行えているのです。一方、同法は、国会議員らのために政治資金の拠出を受ける「資金管理団体」を認めているので（第19条第1項）、国会議員個人が受け取った寄付は、この「資金管理団体」の収支報告書で記載されるべきです。

しかし、政界では、記載する必要はないという解釈・運用がなされ、検察はそれを追認してきました。つまり、党本部から受け取った議員は「政策活動費」を自己の資金管理団体で一切収支報告してはいないため、政治資金（実質は税金）が使途不明金になっているのです。

この使途不明金は形式的には（会計帳簿上は）政党交付金以外の政治資金ですが、実質的には政党交付金の使途不明金です。それゆえ、私はこの問題を指摘して批判し続けてきました（自民党本部および同党都道府県支部連合会などの使途不明金を含む実態については、上脇博之『告発！政治とカネ』（かもがわ出版、2015年）138頁以下、同『追及！安倍自民党・内閣と小池都知事の「政治とカネ」疑惑』（日本機関紙出版センター、2016年）141頁以下、同『安倍「4項目」改憲の建前と本音』（日本機関紙出版センター、2018年）161頁以下）。

このカネが政治資金収支報告書に記載できない買収に投入されている可能性があるのです。

第3節　自民党の「事実上の政党交付金」の使途不明金は高額

（1）自民党本部の「政策活動費」名目の高額な使途不明金

一番高額な政党交付金を受け取っている自民党は、前述したように、2017年から2019年までの政治資金において毎年突出して一番高額な使途不明金があるのです。実は、これは、もっと前から行われているのです。

自民党本部は、例えば衆議院総選挙のあった2000年に計約85億円の「政策活動費」名目で幹事長などの役員を中心に大勢の国会議員（公職の候補者）に対し政治資金（事実上の政党交付金）から支出（寄付）しており、かつ、幹事長ら国会議員は最終的にいつ何の目的で誰に対しそれを支出したのか、どこにも収支報告してこなかったのです。

もっとも、国民の批判もあり、その後、支出先の国会議員の人数を20名程度に減らし合計額も減少させますが、今でも毎年使途不明金の支出を続けているのです。具体的にその年間合計額を紹介すると、自民党が下野していて参議院通常選挙のあった2010年でも計7億7900万円、国政選挙のなかった11年でも計5億6670万円が支出されていました。衆議院総選挙の結果政権復帰した12年には計9億6510万円。衆議院総選挙のあった14年は計約15億9200万円、参議院通常選挙のあった16年は計17億円超、衆議院総選挙のあった17年は計19億2000万円弱、国政選挙のなかった18年でも計12億1000万円超の支出がなされていました。参議院通常選挙のあった19年は計12億9000万円でした（表「自民党本部の「政策活動費」名目で幹事長らへの支出額と受領議員数（2010

自民党本部の「政策活動費」名目で幹事長らへの支出額と受領議員数（2010年～2019年）

年	政策活動費 支出額	受領 議員数	受け取った議員と合計金額 （1億円以上に限定紹介）	国政選挙
2010年	7億7900万円	17人	大島理森4億1150万円（幹事長、9月から副総裁） 石原伸晃1億8160万円（9月から幹事長）	参議院通常選挙
2011年	5億6670万円	18人	石原伸晃3億4750万円（幹事長）	
2012年	9億6510万円	19人	石破茂2億6000万円（9月から幹事長） 安倍晋三2億5000万円（10月から総裁） 石原伸晃2億0780万円（9月まで幹事長）	衆議院総選挙
2013年	12億9080万円	14人	石破茂10億2710万円（幹事長）	参議院通常選挙
2014年	15億9260万円	13人	谷垣禎一8億5950万円（9月から幹事長） 石破茂5億1140万円（8月まで幹事長）	衆議院総選挙
2015年	12億3920万円	22人	谷垣禎一7億880万円（幹事長） 茂木敏充1億5550万円（選対委員長）	
2016年	17億 390万円	19人	谷垣禎一6億7950万円（8月まで幹事長） 二階俊博5億250万円（総務会長、8月から幹事長） 吉田博美1億2000万円（参院国対委員長、7月末から参院幹事長） 茂木敏充1億190万円（選対委員長、8月から政調会長）	参議院通常選挙
2017年	19億1730万円	20人	二階俊博13億8290万円（幹事長） 吉田博美1億円（参議院幹事長）	衆議院総選挙
2018年	12億1320万円	19人	二階俊博8億3270万円（幹事長）	
2019年	12億9010万円	18人	二階俊博10億710万円（幹事長）	参議院通常選挙

年～2019年）」を参照）

その多くを幹事長が受け取ってきたが、受け取った幹事長らはそれをどこにも収支報告してはいないのです。

以上の「政策活動費」名目以外に自民党は「調査費」名目でも、国会議員への支出があります。金額は少ないものの2017年以降には1億円を超えました（17年1億1596万5000円、18年1億4335万円）。「政策活動費」と「調査費」の合計額は衆議院総選挙

自民党本部の「政策活動費」「調査費」名目の議員らへの支出（使途不明金）の年間合計額（2010年〜2019年）

年	「政策活動費」	「調査費」	合計
2012年	9億6510万円	1330.0万円	9億7840.0万円
2013年	12億9080万円	2890.6万円	13億1970.6万円
2014年	15億9260万円	5627.0万円	16億4887.0万円
2015年	12億3920万円	5476.6万円	12億9396.6万円
2016年	17億0390万円	6815.0万円	17億7205.0万円
2017年	19億1730万円	1億1596.5万円	20億3326.5万円
2018年	12億1320万円	1億4335.0万円	13億5655.0万円
2019年	12億9010万円	8300.0万円	13億7310.0万円

のあった２０１７年だと20億円を超え20億３３２６万５０００円でした（表「自民党本部の「政策活動費」「調査費」名目の議員らへの支出（使途不明金）の年間合計額（２０１０年〜２０１８年）」を参照）

（2）自民党都道府県支部連合会でも同様の使途不明金

自民党本部の政治資金における使途不明金の手口は同党の都道府県支部連合会でも大なり小なり行われてきています。以前２０１６年分について調査したところ、一番使途不明金の多かったところは、自由民主党福島県支部連合会でした。同連合会の２０１６年分の政治資金における「組織対策費」名目での個人（県議会議員）への支出（寄付）の合計額は６７０２万円超でした（「組織対策費」以外の名目（例えば「打ち切り旅費」）でも個人への支出がありました。同年以外も同様）

そこで、２０１２年以降について２０１６年以外の年も調査しました。

自由民主党福島県支部連合会は、毎年、自由民主党本部から政党交付金の交付を受けています。政党交付金使途報告書では「組織対策費」名目の支出はありませんが、政治資金収支報告

自由民主党福島県支部連合会の「組織活動費」名目の大勢の個人への寄付支出

年	本部からの交付金	そのうち政党交付金	政治資金支出目的	合計額	備考
2012年	約6228.4万円	2670.4万円	組織対策費	1515.0万円	衆議院総選挙
2013年	約6642.5万円	1900.0万円	組織対策費	1930.0万円	参議院通常選挙
2014年	約5865.6万円	3700.0万円	組織対策費	4872.8万円	衆議院総選挙
2015年	約3953.6万円	1300.0万円	組織対策費	3365.0万円	
2016年	約8971.0万円	2900.0万円	組織対策費	6702.7万円	参議院通常選挙
2017年	約5040.3万円	3200.0万円	組織対策費	5065.0万円	衆議院総選挙
2018年	約4893.0万円	約1134.9万円	組織対策費	4516.0万円	
2019年	約6663.1万円	約5128.9万円	組織対策費	7316.0万円	参議院通常選挙

「本部からの交付金」は自民党本部から受領した、政党交付金を含む政治資金の交付

書によると、毎年、その名目で多くの個人に対し支出（寄付）がなされています。

２０１２年12月に自民党が政権に復帰して自由民主党福島県支部連合会の「組織対策費」名目での個人への支出額は、特に衆参の国政選挙の年に金額が増えますが、年々増えてもいて、国政選挙のなかった２０１８年であっても計４５１６万円にのぼり、参議院議員通常選挙のあった２０１９年は７３１６万円もあり本部からの政党交付金約５１２８・９万円を含む交付金約６６６３・１万円が全額事実上使途不明金になった計算になります（参照、「自由民主党福島県支部連合会の「組織活動費」名目の大勢の個人への寄付支出」）

第2編

政党助成金の理論上の問題点（理論編）

第1章　政党助成制度のしくみと使途実態の概要

第1節　現行の政党助成のしくみ

（1）政党の私的政治活動に使用できる政党交付金

選挙の公営、国会議員の歳費と文書通信交通滞在費（年間1200万円）、2名の公設秘書の給与、会派の立法事務費（所属議員1人あたり年間780万円）など〝民主主義のコスト〟は公費（税金）で賄われています（参照、上脇博之『誰も言わない政党助成金の闇』日本機関紙出版センター・2004年）。にもかかわらず、私的な存在である政党のために国民の税金である政党助成金（政党交付金）の制度が1994年「政治改革」によって導入されました（1名の政策秘書の給与も公費）

政党交付金の原資は国民の税金ですから、本来その使途は限定されるべきですし、税金の支出として不適切なものには支出されるべきではありません。また、政党は政党交付金以外に私的に政治資金を集めますが、公金である政党交付金と私的な政治資金は、形式的には区別できるとはいえ実質的には区別できませんから、政党交付金を受け取っている政党の場合、その政治資金についても支出は限定されるべきですし、不適切なものに支出されるべきではありません。

しかし、現行の政党助成法は、「政党の政治活動の自由を尊重し」ているため、「政党交付金の交付に当たっては、条件を付し」てはいませんし、「その使途について制限して」もいません（第4条第1項）。その**例外は、立替払いでない場合の借入金への返済**です（政党助成法第14条を参照）

このように例外があるのですが、原則として使途は制限されていませんので、公的ではない政党の政治活動や選挙運動に支出できますし、政党以外の政治団体にも支出できることになっているのです。

使途制限をすべきであるという私見に対しては、憲法の保障する「結社の自由」（第21条）に反するという反論が予想されます。そういう結論になるのであれば、政党助成法を廃止するしかないでしょう。私が政党助成法に反対し続けた理由の一つもここにあります。前述したように「民主主義のコスト」は十分公費で負担されています。もし不足があれば、不足する分だけ補充すればよいのです。

(2) 総額は「人口」に基づくため高額で特定の「政党」のみに交付

政党助成法によると、1年分として各政党に対して交付される**政党交付金の総額は「人口に250円を乗じて得た額」**とされます（第7条第1項）。「人口」「有権者数」「投票者数」のうち一番大きい数字は「人口」です。選挙権の保障されてはいない未成年者や永住外国人など、有権者以外の人々も含まれるからです。現在、1億2000万人を超えます。これに「250円」が乗じられて総額が算出されるので総額は高額になります。投票率の高低に左右されず、「人口」が大幅に減少しない限り高額の政党助成が確保される仕組みです。

また、これを受け取れるのは、「政党」に限られています。政党であったとしても、すべての政党が受け取れるわけではありません。政党助成法は政党助成における「政党」の定義を行なっています（第2条）。これによると「政治団体」のうち、

政党助成法と政治資金規正法の各「政党」の定義

政党助成法の「政党」	政治資金規正法の「政党」
所属する衆議院議員又は参議院議員を5人以上有する政治団体	所属する衆議院議員又は参議院議員を5人以上有する政治団体
衆議院議員又は参議院議員を有し、直近の衆議院議員総選挙または直近(前回)の参議院議員通常選挙・その直近(前々回)の通常選挙において得票総数が当該選挙における有効投票の総数の100分の2以上である政治団体	直近の衆議院議員総選挙または直近(前回)の参議院議員通常選挙・その直近(前々回)の参議院議員通常選挙において得票総数が当該選挙における有効投票の総数の100分の2以上である政治団体

(a)「所属する衆議院議員又は参議院議員を5人以上有するもの」

(b)「衆議院議員又は参議院議員を有するもの」で、直近の衆議院議員総選挙または直近(前回)の参議院議員通常選挙・その直近(前々回)の通常選挙において「得票総数が当該選挙における有効投票の総数の100分の2以上であるもの」

この二つの要件の両方ではなく、いずれかを充足する「政党」だけが政党交付金の交付を受ける資格を有することになります。政治資金規正法上の「政党」と類似していますが、全く同じ定義ではありません(表「政党助成法と政治資金規正法の各『政党』の定義」を参照)。これ以外の政党は「政党」とはみなされず、政党交付金を受け取る資格が認められていません。

(3)衆参の選挙結果に基づく各「政党」への交付額の決定

政党助成の総額は、前述の「政党」に交付されるのですが、すべての「政党」に同額の交付金が交付されるわけではなく、「毎年分として政党に対して交付すべき政党交付金の額」は、**「議員数割の額」**と**「得票数割の額」**とを「合計した額」とされ(第8条)、**「毎年分の議員割及び得票数割の総額」**は**「総額のそれぞれ2分の1に相当する額」**と定めら

れています（政党助成法第7条第2項）

わかりづらい規定ですが、要するに、各政党への交付額は、総額の半分が、全政党の衆参の所属議員合計数に対して各政党の所属議員数の占める割合で決定され、残りの半分が、全政党の衆参の得票合計数に対して各政党の得票数の占める割合で決定し、各政党の両者の合計額が各政党への交付額になるのです。

各政党への政党交付金の額は、毎回1月1日を「基準日」として算出されますが、衆議院議員総選挙または参議院議員通常選挙が行われた場合には、選挙後に「選挙基準日」が設けられ、以降の交付額は改めて算定されることになっています。

そして、各政党から請求が行われれば、年4回（4月、7月、10月、12月）に分けて交付されますので、年間の政党交付金の交付額が決定されていても、当該「政党」が交付を請求しなければ交付はなされません。各回の交付額は、4月分が算定額の4分の1、7月分が残額の3分の1、10月分が残額の2分の1、12月分が残額です。交付請求の期限は原則として各月とも10日まで、交付金は20日に交付されます。

２０２０年は、自由民主党（代表・安倍晋三）、立憲民主党（代表・枝野幸男）、国民民主党（代表・玉木雄一郎）、公明党（代表・山口那津男）、日本維新の会（代表・松井一郎）、社会民主党（代表・又市征治）、ＮＨＫから国民を守る党（代表・立花孝志）、れいわ新選組（代表・山本太郎）、計８政党が届け出をしました。

これに基づき各政党の政党交付金は算定されました。総額約３１７億７３６８万円の54％強が

2010年以降2019年までの政党交付金の年間交付実績額

年	政党交付金
2019年	317.55億円
2018年	317.74億円
2017年	317.74億円
2016年	319.74億円
2015年	320.14億円
2014年	315.11億円
2013年	318.71億円
2012年	319.83億円
2011年	319.42億円
2010年	319.42億円
平均	318.54億円

総務省のホームページで公表された数字などに基づき上脇が表を作成した

2020年分政党交付金の交付決定額

政党名	交付決定額	割合
自由民主党	172億6136万4000円	54.3%
立憲民主党	42億9020万7000円	13.5%
国民民主党	46億4837万6000円	14.6%
公明党	30億2932万5000円	9.5%
日本維新の会	1,8億5310万6000円	5.8%
社会民主党	3億6276万9000円	1.1%
NHKから国民を守る党	1億6751万8000円	0.5%
れいわ新選組	1億6101万8000円	0.5%
合計	317億7368万3000円	

総務省のホームページで公表された数字などに基づき上脇が表を作成した

自由民主党の政党交付金約172億円6136万円です（「2020年分政党交付金の交付決定額」を参照）。日本共産党は、政党交付金制度に反対し手続きを一切採っていないので、交付決定額は算定されません。

（4）8221・8億円超の約72%（5919・3億円）が自民党に交付

政党交付金は、前述のように年間総額約301億8678円でスタートし、次第に増えてゆき、2015年は320億円を超えました。2011年以降2019年前の10年間の政党交付金の交付実績の年間平均は318・5億円超です。

その交付を受けている主要な政党は、新進党が存在したときには、自民党と新進党の二大保守政党であり、新進党が解散してからは自民党であり、民主党が2003年に自由党と合併して次第に大きくなってからは自民党と民主党の保守二大政党でしたが、2012年12月衆議院総選挙で自民党が政権に復帰したため2013年以

1995年～2020年までの政党交付金総計と自民党分の占める割合

政党交付金の総計額	そのうち自民党が交付を受けた政党交付金合計額	自民党分の占める割合
約8221.8億円	約5919.3億円	72.0%

降は、再び自民党だけが政党交付金を受けている主要政党になりました。

総務省のホームページに公表している報道資料「令和元年分政党交付金使途等報告の概要」（2020年9月25日）の「政党交付金交付実績（平成7年～令和元年）」によると、1995年から2019年までの政党交付金の総合計額は、概算で7904億1000万円であり、そのうち自民党が受け取った政党交付金の合計額は概算で5746・7億円であり、72・7％も占めていました。2020年分を加えると総合計額は約8221・8億円になり、そのうち自民党分の合計額は約5919・3億円で約72％になります（「1995年～2020年までの政党交付金総計と自民党分の占める割合」を参照）

この結果は、政党交付金の配分基準が衆参の選挙結果（議員数割と得票数割）に連動しているので、衆参の民意を反映していると思われるかもしれませんが、後述するように、民意を歪曲する選挙制度の影響であることに注目する必要があります。

第2節　これまでの使途実態の概要

（1）政党交付金の使途実態の概要

政党の政党交付金の支出総額は、毎年同じではなく、これまでで**一番少ない時で約163億8100万円（1997年）**で、**一番多い時で約438億1400万円（2007年）**でした。衆参の国政選挙の年には支出額が多く、国政選挙がない時には支出額が少なくなっているというのが、大きな傾向です。ちなみに、支出総額が一番多かった2007年は、参議院通常選挙と統一地方選挙が行われた年です。2010年から2019年までの10年間の支出総額の平均は297億8400万円でした。

支出のうち**「経常経費」**も**「政治活動費」**も毎年同じ金額ではなく、**「経常経費」**の最少支出額は107億6200万円（1995年）で、最多支出額は169億4100万円（2007年）。**「政治活動費」**の最少支出額は56億1900万円（1997年）で、最多支出額は268億7300万円（2007年）でした。2010年から2019年までの10年間の支出額の平均は「経常経費」が148億1700円で、「政治活動費」が149億6700円でした。相対的な比較をすれば、「経常経費」よりも「政治活動費」の方が増減は激しいようです。

「経常経費」の支出の主要なものは、第一が**「人件費」**で、第二が**「事務所費」**のようです。**「人件費」の総計が一番多かったときは112億6100万円（2007年）**で、**一番少なかったときは72億6400万円（1995年）**でした。「事務所費」の総計が一番多かったときは

2010年以降2019年までの年間の経常経費、政治活動費、その合計総支出額

年	経常経費	政治活動費	支出合計額
2019年	164.74億円	192.03億円	356.77億円
2018年	141.16億円	89.86億円	231.02億円
2017年	160.17億円	178.27億円	338.45億円
2016年	146.59億円	148.20億円	294.79億円
2015年	140.10億円	120.08億円	260.19億円
2014年	153.74億円	170.70億円	324.45億円
2013年	155.48億円	201.15億円	356.63億円
2012年	155.27億円	149.98億円	305.26億円
2011年	127.15億円	84.02億円	211.18億円
2010年	137.29億円	162.39億円	299.67億円
平均	148.17億円	149.67億円	297.84億円

2010年以降2019年までの年間の「経常経費」の各支出内訳支出額

年	人件費	光熱水費	備品・消耗品費	事務所費	備考
2019年	110.32億円	1.57億円	8.88億円	43.97億円	衆議院総選挙
2018年	95.23億円	1.36億円	7.00億円	37.58億円	参議院通常選挙
2017年	112.35億円	1.66億円	9.52億円	36.64億円	衆議院総選挙
2016年	100.17億円	1.60億円	9.21億円	35.60億円	
2015年	97.96億円	1.66億円	7.92億円	32.56億円	参議院通常選挙
2014年	103.52億円	1.86億円	10.63億円	37.72億円	衆議院総選挙
2013年	104.40億円	1.98億円	11.41億円	37.69億円	
2012年	101.52億円	1.98億円	12.47億円	39.30億円	参議院通常選挙
2011年	84.40億円	1.61億円	8.02億円	33.13億円	
2010年	91.55億円	1.75億円	9.46億円	34.52億円	
平均	100.14億円	1.70億円	9.45億円	36.87億円	

45億1700万円（2004年）で、一番少なかったときは17億3700万円（1995年）でした。

「人件費」の総計が一番多かった2007年は前述したように参議院通常選挙と統一地方選挙が行われた年で、「事務所費」の総計が一番多かった2004年は参議院通常選挙が行われた年です。

2010年以降2019年までの10年間の「経常経費」の各支出の内、「人件費」の平均支出額は100億1400万円で、「事務所費」の平均支出額は36億8700万円でした。

「政治活動費」の支出の主要なものは、**「宣伝事業費」**と**「選挙関係費」**です。**「宣伝事業費」が一番多かったときは約156億4400万円（2007年）**で、**一番少なかったときは約8億8500万円（1995年）**でした。**「選挙関係費」が一番多かったときは約127億3500万円（1996年）**で、**一番少なかったときは約1億5900万円（2008年）**でした。

「宣伝事業費」が一番多かった2007年は前述したように参議院通常選挙と統一地方選挙が行われた年で、「選挙関係費」が一番多かった1996年は衆議院総選挙が行われた年です。

そのような中で一貫しているのは、**政党の政策能力を高めることに役立つのかもしれないと予想される「調査研究費」への支出額が少額であり続けている**ことです。**一番多かった時でも16億6000万円（2019年）**しかありません（なお、「調査研究費」が実際に政党の政策能力を高めるために支出されているのかは別に検証しなければなりません）。

2010年以降2019年までの10年間の「政治活動費」の各支出の内、「宣伝事業費」の平均支出額は約57億9700万円で、「選挙関係費」の平均支出額は約45億6600万円でした。

2010年～2019年までの年間の「政治活動費」の各支出内訳支出額

年	組織活動費	選挙関係費	機関誌紙費	宣伝事業費	調査研究費	寄付金	その他
2019年	22.15億円	40.79億円	17.14億円	84.65億円	16.06億円	11.23億円	00.01億円
2018年	22.53億円	8.08億円	10.94億円	40.20億円	7.38億円	0.69億円	00.05億円
2017年	25.47億円	94.83億円	13.56億円	30.44億円	11.62億円	2.28億円	00.07億円
2016年	27.34億円	27.53億円	13.15億円	70.95億円	7.82億円	1.28億円	00.11億円
2015年	20.56億円	32.96億円	11.15億円	48.92億円	5.08億円	1.30億円	00.11億円
2014年	20.89億円	87.42億円	10.60億円	32.64億円	7.51億円	7.96億円	3.68億円
2013年	21.39億円	41.80億円	12.51億円	115.93億円	6.62億円	2.38億円	0.54億円
2012年	27.76億円	68.52億円	12.54億円	28.52億円	9.95億円	2.41億円	0.27億円
2011年	13.45億円	14.28億円	9.40億円	43.14億円	3.03億円	0.55億円	0.17億円
2010年	18.55億円	40.37億円	12.98億円	84.31億円	4.88億円	1.17億円	0.12億円
平均	22.01億円	45.66億円	12.40億円	57.97億円	8.00億円	3.13億円	0.51億円

（2）政治資金のうちの政党交付金の占める割合

政党交付金の交付を受けている政党の本部や支部が政治資金の中で政党交付金がどれくらいの割合を占めているのかを確認するために、まず、政党交付金の交付を受けている各政党の２０１８年の政治資金とそのうちの政党交付金について「経常経費」と「政治活動費」の各合計支出額を確認してみましょう。

例えば、自民党本部は、２０１８年の場合、総支出額は２１１億３７１６万円であり、そのうち、政党交付金は１２２億円超。つまり、総支出の57・7％超が政党交付金でした。内訳をみると、「経常経費」の支出合計額は61億９８２２万円弱、そのうち政党交付金は30億２３８７万円弱で、48・8％が政党交付金でした。「政治活動費」の支出合計額は１４９億３９９４万円弱、そのうち政党交付金は33億４２０３万円弱で、22・4％は政党交付金でした。

自民党以外のいずれの政党も「経常経費」よりも「政治活動費」の支出額の方が多いようですが、政党交付金

各政党の政治資金とそのうちの政党交付金の各支出（2018年）

政党名		経常経費	政治活動費	支出合計
自由民主党（安倍晋三）	政治資金	6,197,219,791円	14,939, 939,555円	21,137,159,346円
	政党交付金	3,023,868,931円	3,342,029,979円	12,200,382,726円
	政党交付金の占める割合	48.79%	22.37%	57.72%
希望の党（松沢成文）	政治資金	18,710,185円	103,317,944円	122,028,129円
	政党交付金	18,710,185円	20,983,932円	117,574,117円
	政党交付金の占める割合	100%	20.31%	96.35%
公明党（山口那津男）	政治資金	3,940,880,905円	8,680,653,717円	12,621,534,622円
	政党交付金	2,362,418,927円	513,294,371円	2,875,713,298円
	政党交付金の占める割合	59.95%	5.91%	22.78%
国民民主党（玉木雄一郎）	政治資金	1,118,320,579円	3,579,653,969円	4,697,974,548円
	政党交付金	1,032,156,731円	1,119,947,808円	3,761,214,539円
	政党交付金の占める割合	92.30%	31.29%	80.06%
社会民主党（又市征治）	政治資金	176,524,720円	445,209,597円	621,734,317円
	政党交付金	58,985,080円	51,583,488円	259,647,568円
	政党交付金の占める割合	33.41%	11.59%	41.76%
自由党（小沢一郎）	政治資金	27,800,285円	142,067,624円	169,867,909円
	政党交付金	27,798,029円	11,741,971円	84,890,000円
	政党交付金の占める割合	99.99%	8.27%	49.97%
日本維新の会（松井一郎）	政治資金	242,974,692円	1,513,940,669円	1,756,915,361円
	政党交付金	216,682,894円	409,423,978円	1,109,363,000円
	政党交付金の占める割合	89.18%	27.04%	63.14%
立憲民主党（枝野幸男）	政治資金	306,671,141円	2,231,468,108円	2,538,139,249円
	政党交付金	282,868,517円	835,534,743円	2,091,303,260円
	政党交付金の占める割合	92.24%	37.44%	82.40%

の占める割合としては、「経常経費」の方が高い傾向にあります（表「各政党の政治資金とそのうちの政党交付金の各支出（２０１８年）」を参照）

(3)自民党は「人件費」の98%超を政党交付金で負担(2018年)

以上のうち、「自由民主党本部」の２０１８年の政治資金の支出とその

自民党本部（代表・安倍晋三）の政治資金と政党交付金の支出（2018年）

項目			政治資金の支出	そのうち政党交付金の支出	政党交付金の占める割合
経常経費	人件費		2,316,729,298円	2,280,325,650円	98.43%
	光熱水費		0円	0円	0%
	備品・消耗品費		20,277,606円	12,960,449円	63.92%
	事務所費		3,860,212,887円	730,582,832円	18.93%
	小計		6,197,219,791円	3,023,868,931円	48.79%
政治活動費	組織活動費		2,246,817,976円	649,650,982円	28.91%
	選挙関係費		163,030,828円	115,724,179円	70.98%
	事業費	機関紙誌発行事業費	329,476,959円	305,424,045円	92.70%
		宣伝事業費	1,891,649,480円	1,891,649,480円	100%
		政治資金パーティー開催事業費	0円	0円	0%
		その他の事業費	0円	0円	0%
		小計	2,221,126,439円	2,197,073,525円	98.92%
	調査研究費		842,040,918円	379,581,293円	45.08%
	寄付・交付金		7,004,932,974円	0円	0%
	その他の経費		2,461,990,420円	0円	0%
	小計		14,939, 939,555円	3,342,029,979円	22.37%
	合計		21,137,159,346円	12,200,382,726円	57.72%

うちの政党交付金の支出を、さらに支出項目ごとに取り上げてみました。

　そうすると、「人件費」は政党交付金の占める割合が98％超もありました（「自民党本部（代表・安倍晋三）の政治資金と政党交付金の支出（２０１８年）」を参照）

第2章　違憲の政党助成法による人権侵害

第1節　民意歪曲に基づく過剰交付問題

(1) 民意を正確には反映せず歪曲する選挙制度

前章で解説したように、政党助成法の「政党」に該当する政治団体のうち、手続きを行った各「政党」の政党交付金の交付額は、衆議院の総選挙の各選挙（小選挙区選挙と比例代表選挙）結果と参議院の二度の通常選挙の各選挙（選挙区選挙と比例代表選挙）結果を各「政党」がそれらを届け出することで、決定されます。交付を受けられる政党は、前述したように原則として1月1日現在で「所属議員数5名以上の政党」あるいは「国政選挙の得票率2％以上で所属議員1名以上の政党」で、1月16日までに手続きを採ったものだけです。

つまり、右の二つの要件のいずれをも充足しない政党や無所属の議員個人には、そもそも交付額を決定してもらう資格がないのです。また、当該要件を充足していても手続きを採らなかった政党には交付額が決定されないのです。

そして、政党交付金の総額は250円に人口数を乗じて算出されるので、例えば2018年の場合、年間の合計額は約317億7400万円になるのですが、各政党の交付額は、総額の半分（約158億8700円）を「議員数割」（申請した全政党の所属議員合計数に対して各政党の議員数の占める割合）で、残り半分（約158億8700円）を「得票数割」（申請した全政党の先回の衆議院総選挙と先回・先々回の参議院通常選挙の各得票数に対して各政党の各選挙得票数の占める割合の合計）で、算出されるのです。

このことから、「衆参の選挙結果に基づいて決定されるから民意を反映している」と思う国民も少ないのかもしれません。しかし、果たしてそうでしょうか？

１９９４年「政治改革」により衆議院議員を選出する選挙制度は、いわゆる中選挙区制から小選挙区比例代表並立制に「改革」（改悪）されました。議員総数は中選挙区制時代には最高で５１２のときもありましたが、「政治改革」により５００に減員され、その後も減らされ、現在４６５です。そのうち小選挙区の議員定数（当初３００、現在２８９）と比例代表選挙の議員定数（当初２００、現在１７６）を比較すると、前者の方が多いので、小選挙区中心の選挙制度です。

小選挙区では一つの選挙区で１人しか当選しないので、それ以外の候補者は全員落選します。それゆえ、大政党にとって異常に有利で、小政党にとって異常に不利です。

なお、小選挙区選挙に立候補した者が比例代表選挙の名簿にも登載可能であり（重複立候補）、また、比例代表選挙はブロック制で、11のブロックがあり、それぞれ議員定数が定められていますが、議員定数が多くないブロックもあるので、大政党に有利で小政党には不利です（現在、北海道8、東北13、北関東19、南関東22、東京都17、北陸信越11、東海21、近畿28、中国11、四国6、九州20。なお、政党等が名簿登載順位を決定する拘束名簿式）。

例えば、２０１２年12月の衆議院総選挙の結果は、自民党２９４議席、公明党31議席、両党で「３分の２」以上の３２５議席を獲得し、年末に自公両党は政権復帰し、第２次安倍晋三内閣を誕

過去の小選挙区選挙における第一党の当選者数、議席占有率、得票率

総選挙年	第一党	当選者数	議席占有率	得票率
1996年	自民党	169人	56.3%	38.6%
2000年	自民党	177人	59.0%	41.0%
2003年	自民党	168人	56.0%	43.9%
2005年	自民党	219人	73.0%	47.8%
2009年	民主党	221人	73.7%	47.4%
2012年	自民党	237人	79.0%	43.0%
2014年	自民党	222人	75.3%	48.1%
2017年	自民党	215人	74.4%	47.8%

生させましたが、そのうち、小選挙区選挙で自民党は300のうち237議席を獲得しました。議席占有率は79％になります。しかし、小選挙区選挙の全国集計した得票率は43％です。つまり、4割強の得票率で8割近い議席を得ているのです。過剰代表です。

民意を比較的正確に反映する、ブロック制の比例代表選挙の結果を含めても、自民党は294議席を獲得し議席占有率は61・3％でした。しかし、比例代表選挙の得票率は全国集計しても27・6％なのです。過剰代表は解消されません。

もし480議席が比例代表選挙だけで行われていたと仮定すると、自民党は133議席程度しか獲得できなかったと試算されますので、161議席も過剰代表されていた計算になります。

小選挙区選挙における過剰代表、とりわけ第一党の過剰代表は2012年総選挙の時だけではありません。その前も、その後も基本的に同じです（「過去の小選挙区選挙における第一党の当選者数、議席占有率、得票率」を参照）。

2017年衆議院総選挙でも、自民党は281議席を獲得し、議席占有率は60％もありましたが、比例代表選挙における投票率は33％程度しかなく、それに基づく全議席を比例試算すると

2017年衆院選の並立制結果と比例配分試算（議員定数465）

	議席数	内訳議席数		議席占有率	得票率	議席数（試算）
政党名	当選者計	小選挙区	比例代表	並立制	比例代表	比例配分
自民党	281人	215人	66人	60.4%	33.28%	155人
公明党	29人	8人	21人	6.2%	12.51%	58人
希望の党	50人	18人	32人	10.8%	17.36%	81人
日本維新の会	11人	3人	8人	2.4%	6.07%	28人
立憲民主党	54人	17人	37人	11.6%	19.88%	92人
日本共産党	12人	1人	11人	2.6%	7.90%	37人
社民党	2人	1人	1人	0.4%	1.69%	8人
日本のこころ	0人	0人	0人	0%	0.15%	1人
幸福実現党	0人	0人	0人	0%	0.52%	2人
新党大地	0人	0人	0人	0%	0.41%	2人
支持政党なし	0人	0人	0人	0%	0.22%	1人

１５５議席にとどまりますので、１２６議席も過剰代表されたことがわかります。過剰代表の政党が生じるということは、議員定数は事前に決まっているので、必然的に過少代表になる政党もあることになります。実際、自民党以外は全て過少代表を強いられています（表「２０１７年衆院選の並立制結果と比例配分試算」を参照）。

参議院議員を選出する選挙制度も衆議院のそれと類似しています。戦後の選挙制度は地方区選挙と全国区選挙で構成されていましたが、１９８２年に全国区選挙が廃止され、比例代表選挙になったので、地方区選挙は選挙区選挙と呼ばれるようになりました。議員定数は衆議院よりも少なく現在は２４８（その前は２４２、その前は２５２）で、そのうち選挙区選挙の議員定数の方が比例代表選挙のそれよりも多く、選挙区選挙は議員定数が２や４（参議院議員は半数改選なので、事実上の議員定数１や２）の選挙区が多いので、小選挙区選挙に近い選挙制度になっ

2013年以降の参院選での自民党の選挙区選挙結果（事実上の議員定数73、2019年は74）

年	第一党	当選者数	議席占有率	得票率
2013年	自民党	47人	64.38%	42.7%
2016年	自民党	36人	49.32%	39.94%
2019年	自民党	38人	51.35%	39.77%

ています（ただし、比例代表選挙は全国1区です。当初は拘束名簿式だったものの、2000年法律改正でユニークな非拘束名簿式になりました）。

2018年の法律改正では、比例代表選挙は議員定数が4つ増員され、それは「特定枠」となり、拘束名簿式とされました。その結果、参議院の比例代表選挙は、「特定枠」の「拘束名簿式」の法定議員定数は4（事実上の議員定数は2）で、従来の「非拘束名簿式」の法定議員定数は96（事実上の議員定数は48）のままで、二つの名簿式の混合となり、「特定枠」は比例代表名簿の第1位、第2位とされ、当選順位が優先されることになりました。

自民党は参議院の選挙区選挙でも過剰代表を受けており、例えば、2013年には得票率43％弱だったのに議席占有率は64％強もありました。2016年と2019年は野党共闘が実現したので、過剰代表の程度は下がったとはいえ、40％弱の得票率で50％前後の議席占有率を得ていました（表「2013年以降の参院選での自民党の選挙区選挙結果」を参照）。

したがって、**衆参の選挙制度のうち、衆議院小選挙区選挙と参議院選挙区選挙は、民意を正確・公正に反映しないどころか、民意を歪曲しているのです。**

（2）民意を歪曲した交付額

各党の政党交付金の交付額は、前述したように、民意を歪曲する衆議院小選挙区選挙・参議院選挙区選挙の結果を含めた選挙結果に基づき決定されるので、到底民意を反映していないどころか、歪曲されているのです。

では、より具体的にみてみましょう。

自民党は、２０１２年12月の総選挙で「圧勝」したので、２０１３年分の当初の政党交付金決定額は、２０１２年分の約１０１億５４００万円よりも増額され、約１４５億５０５３万円になりました（各党に配分される政党助成金の額は参議院通常選挙の結果を受け、再算定されました）。２００９年総選挙で自民党は大敗し、その結果も踏まえて再算定された同党の政党交付金は約１３９億８０３３万円でしたから、２０１３年分はそれよりも多いのです。これは２０１２年末の総選挙で「圧勝」したから当然のように思われるかもしれません。

ところが、２０１２年末の総選挙において自民党の比例代表選挙での得票数は１６６２万票強でしたが、敗北した先回２００９年総選挙のそれは約１８８１万票でした。つまり、２０１２年総選挙で自民党は２００９年総選挙に比べ得票を約２１９万票も減らしているのです。また、自民党は小選挙区選挙のおかげで「圧勝」したわけですが、小選挙区選挙でも約２５６４万票で２００９年総選挙の時の約２７３０万票から約１６６万票減らしているのです（「２０１３年以降の参議院選における自民党の得票数と政党交付金」を参照）

要するに、自民党は２０１２年総選挙の小選挙区選挙でも比例代表選挙でも、２００９年総選挙のそれらより得票数を減らしたのに、政党交付金は増えたのです。

この原因の第一は、小選挙区選挙の投票率が過去最低の59・32％であったため自民党以外の多く

2013年以降の参議院選における自民党の得票数と政党交付金

年	小選挙区選挙	比例代表選挙	政党交付金
2009年	約2730万票	約1881万票	約139億8033万円
2012年	約2564万票	約1662万票	約101億5400万円
2013年			約145億5053万円

2013年の政党交付金は当初のそれで、再算定前の交付決定額

の政党も得票数を減らしてしまったので、自民党が相対的に得票率第一党になったことが挙げられます。第二に、小選挙区選挙により民意が歪曲され、自民党は過剰代表され、得票率を大きく上回る議席占有率を獲得したためです。第三に、そもそも年間総額は投票数や投票率に関係なく、250円に人口数を乗じて算出され、それが各政党に配分されるだけだからです。

(3) 衆参比例代表選挙の投票数で試算すると317億7000万円強から120億2000万円弱へ

では、民意を正確・公正に反映する比例代表選挙の結果だけで各政党の政党交付金の交付額を試算すると、それぞれいくらになるのでしょうか。ここでは、民意をより正確に反映させるために、現行法のように総額を人口数で算出してから各政党に配分する方法ではなく、実際の投票数で算出する方法で試算してみましょう。

この試算方法では、参議院と衆議院の両方の比例代表選挙の結果だけで各政党の政党交付金の交付額を算出することになります。具体的には1票250円で算出することにしますが、この1票は衆議院総選挙と参議院通常選挙で構成することになりますから、衆議院は議員全員が総選挙で選出されるので1回分、参議院は半数改選なので2回分ということになります。

2017年衆院選と2016年・2019年参院選における各党の比例代表選挙得票数と各党の政党交付金試算額

政党名	17年衆院比例得票数	×125円(A)	16年参院比例得票数	19年参院比例得票数	参院比例代表得票数平均	×125円(B)	合計(A+B)=交付金試算額(円)
自由民主	18,555,717	2,319,464,625	17,712,373	20,114,788	18,913,580.5	2,364,197,563	4,683,662,188
立憲民主党	11,084,890	1,385,611,250	7,917,721	0	3,958,861	494,857,625	1,880,468,875
国民民主党	9,154,415	1,144,301,875	3,481,078	12,818,316	8,149,697	1,018,712,125	2,163,014,000
公明党	6,977,712	872,214,000	6,536,336	7,572,960	7,054,648	881,831,000	1,754,045,000
日本維新の会	3,387,097	423,387,125	4,907,844	5,153,584	5,030,714	628,839,250	1,052,226,375
社会民主党	941,324	117,665,500	1,046,012	1,536,239	1,291,126	161,390,750	279,056,250
NHKから国民を守る党	―	0	987,885		493,943	61,742,875	61,742,875
れいわ新選組	―	0	2,280,253		1,140,127	142,515,875	142,515,875
合計	50,101,155	6,262,644,375	44,869,503	47,195,887	46,032,695	5,754,086,875	12,016,731,250

得票数は各政党が総務大臣に届け出たもの。ただし、小数点以下のある政党があったが、四捨五入して表記した

2020年分政党交付金の交付決定額と比例試算額

政党名	交付決定額	比例試算額
自由民主党	172億6136万4000円	46億8366万2188円
立憲民主党	42億9020万7000円	18億8046万8875円
国民民主党	46億4837万6000円	21億6301万4000円
公明党	30億2932万5000円	17億5404万5000円
日本維新の会	18億5310万6000円	10億5222万6375円
社会民主党	3億6276万9000円	2億7905万6250円
NHKから国民を守る党	1億6751万8000円	6174万2875円
れいわ新選組	1億6101万8000円	1億4251万5875円
合計	317億7368万3000円	120億1673万1250円

　したがって、より具体的には、２０１７年衆議院総選挙における比例代表選挙の各党得票数に１２５円（２５０円の半額）を乗じ（Ａ）、２０１６年と２０１９年の参議院通常選挙における各比例代表選挙の得票数の平均に残りの１２５円（同）を乗じ（Ｂ）、両者を合計（Ａ＋Ｂ）して各政党の政党交付金額を試算します（表「２０１７年衆院選と２０１６年・２０１９年参院選における各党の比例代表選挙得票数と各党の政党交付金試算額」を参照）。

なお、日本共産党は一切の手続きを拒否しているので、同党分は試算しません。

2020年の政党交付金の年間総額はすでに紹介したように317億7000万円強でしたが、以上の試算に基づくと、120億2000万円弱に減ることになります（参照、「2020年分政党交付金の交付決定額と比例試算額」）。言い換えれば、民意に基づくと年間で197億6000万円弱が諸政党に過剰に交付されていることになります。

全ての「政党」が民意に基づく試算によると減額されますが、とりわけ自民党は172億6000万円超から46億8000万円へと減ることになりますから125億8000万円弱が過剰交付されていることがわかります。

第2節　〝政党の国営化〟問題と〝政党の本質〟問題

（1）「歯止め」の撤廃

1994年の当初の「政治改革」では、各政党への助成額は「前年収入額の3分の2」までを上限として、それを超える金額分については控除されて当該「政党」には交付されないことになっていました（当時の政党助成法第9条第1項）。これは政党を過度に国家に依存させないために盛り込まれたもので、十分とは言えないものの一種の「歯止め」でした。「3分の2条項」と呼ぶことができます。

ところが、1995年末に（つまり施行されて1年足らずで）政党助成法は改正され「3分の2条項」は撤廃され、1996年からはその唯一の〝歯止め〟は存在しなくなりました。

（2）政党交付金（税金）への高い依存度（国営政党化）

そのこともあって、政党交付金という税金に依存している政党は少なくありません。政治資金規正法によると、政党本部の年間の政治資金の収入及び支出は、その翌年に政治資金収支報告書として総務大臣に提出されます。その収入としては、前年の繰越金とその年の収入があり、後者としては、各政党が各自で集めた政治資金はいうまでもなく、その年に国から交付を受けた政党交付金も同報告書に記載されます。

政治資金収支報告書と政党交付金の使途報告書の収支を見ると、多くの政党本部が政党交付金に

政党の純収入（繰越金を除く）に占める政党交付金の割合（2018年）

政党名	本年収入	借入金	純収入	政党交付金	割合
自由民主党（安倍晋三）	26,290,323,061円		26,290,323,061円	17,489,896,000円	66.5%
国民民主党（玉木雄一郎）	6,569,290,958円		6,569,290,958円	5,573,496,000円	84.8%
公明党（山口那津男）	14,911,136,430円		14,911,136,430円	2,948,431,000円	19.8%
立憲民主党（枝野幸男）	3,649,008,541円		3,649,008,541円	2,764,303,000円	75.8%
日本維新の会（松井一郎）	1,820,581,126円		1,820,581,126円	1,309,363,000円	71.9%
希望の党（玉木雄一郎）	1,729,631,460円	370,000,000円	1,359,631,460円	760,739,000円	56.0%
社会民主党（又市征治）	840,645,120円		840,645,120円	379,947,000円	45.2%
希望の党（松沢成文）	410,111,754円		410,111,754円	278,319,000円	67.9%
自由党（小沢一郎）	320,115,148円		320,115,148円	269,189,000円	84.1%
合計	56,540,843,598円		56,170,843,598円	31,773,682,000円	56.6%

国民民主党は2018年5月7日に民進党から名称を変更した。希望の党（代表・高樹雄一郎）は2018年5月7日に分割のため解散した

依存していることがわかります。**政党の総収入（繰越金と借入金を除く）のうち政党交付金の占める割合の高さ**は、各政党が如何に自己資金を調達する努力をしなくて税金で党本部の財政を賄えているのかを示しており、各政党が国民から遊離していることを知る重要なバロメーターでもあります。

２０１８年分については、政党交付金への依存率が50％を超える政党がほとんどであり、国民民主党（玉木雄一郎）が84・8％、自由党（小沢一郎）が84・1％、立憲民主党（枝野幸男）が75・8％、日本維新の会（松井一郎）が71・9％、希望の党（松沢成文）が67・9％、自由民主党（安倍晋三）が66・5％、希望の党（玉

木雄一郎）が56・0％でした。
依存率50％を割っているのは、社会民主党（45・2％）と公明党（19・8％）だけでした（表「政党の純収入（繰越金を除く）に占める政党交付金の割合（2018年）」を参照）。日本共産党は政党交付金の受け取りを拒否しているので0％です。

（3）問われる〝政党の本質〟

政党が政党交付金（政党助成金）という税金に依存することは、政党が事実上国営政党になることを意味しています。そこには、どういう問題があるのでしょうか？

本来、政党は国民の中から必要性があって誕生し、その後も国民の中に根を張って存続していく団体です。国民が必要だと判断すれば党員になり党費を払い、あるいは党員でなくてもカンパ（寄付）を行うことになります。国民が必要と認めなければその政党は国民が財政支援をしないので消滅する運命です。これは**政党の本来の性質**であり、**本来のあるべき姿**です。

ところが**国から税金である政党交付金がもらえるということは、国民から政治資金を集める努力をしなくても、政党は自ら財政が賄える**ということになり、これでは、国民あるいは社会に根ざした政党本来のあり方とはいえません。

ですから、**政党助成金（政党交付金）制度は、本来政党が持つべき本質を奪っている**のです。議会制民主主義において政党は民意を代表する等して大変重要な役割を果たしているのですが、政党が国民・社会の中にきちんと根を張らず、国民・社会に目が向かないと、主権者国民のための政治が行われなくなります。実は、これが経済界の仕掛けた1994年「政治改革」の本音であり、**保守政党を国民から遊離させて、財界政治を強行させるための手段の一つとして政党助成金は制度化されたのです。**

2009年総選挙前まで、自民党政権は「聖域なき構造改革」という新自由主義政策を強行し、一生懸命働いても生活保護水準を下回る年収しかないワーキングプアを生み出し、格差社会をつくってきました。2009年総選挙では政権交代が実現し、民主党中心の政権を誕生させましたが、民主党政権は、庶民の期待を裏切り、格差社会の是正に充分取り組まないまま、財界の言いなりになり、自公両党と一緒になって消費税率引き上げを決め、公約違反を強行しました。2012年12月の総選挙で民主党は惨敗し、自民党は得票を減らしながらも非民主的な「小選挙区選挙」のお陰で「圧勝」しました（上脇博之『なぜ4割の得票で8割の議席なのか』日本機関紙出版センターを参照）。安倍晋三政権は、公約違反の「TPP（環太平洋連携協定）交渉参加」を決め、庶民に対し、さらに熾烈な経済競争を強いてきました。二大政党は、保守と革新が対峙したものではなく、保守同士の二大政党であり、両党は自らを「聖域」に置き自己の財政を政党交付金に依存する国営政党になりながら、アメリカや財界の言いなりになって庶民には熾烈な競争を強い続けてきたのです。

そのうえ、安倍自民党は、保守から右旋回し続け、立憲主義も民意も平気で蹂躙し、公文書の改竄・廃棄を平然と強行しており、保守政党でもなくなっているのです。

もう一つ注目すべきことは、政党交付金を受け取るためだけの「政党」が年末に結成されたり、解散する政党の財産を引き継ぐための「政党」が年末年始に結成されたり、結成された時点ですでに解散が予定されている「政党」が生まれては消えているということです。**政党助成制度は衆議院の小選挙区制と相まって、政党の不必要な離合集散を誘発しており、政党を育成してもいない**のです。

第3節　人権を侵害する政党助成は違憲！

（1）政党への介入・干渉としての政党助成金の本質

政党助成金（政党交付金）制度についても国民の基本的人権を侵害し憲法違反であるというのが私見です。これには、**政党助成金の制度そのものが人権を侵害し違憲である**ということと、**現行の政党助成法に基づく具体的な政党助成金（政党交付金）制度が人権を侵害し違憲である**ということが含まれています。まず前者から説明します。

従来の憲法学は一般に政党助成金は政党に対する規制・干渉であると理解してきました。戦前の治安維持法のように特定の政党を弾圧する場合とはその程度を異にするものの、政党助成も政党への干渉であると理解されてきました。私見でも政党助成は政党への干渉・介入です。

より具体的に言えば、**第一に政党助成金は政党（特定の政党）に対する特権の付与**です。これは、具体的に次のような点においてその特徴が指摘されうるでしょう。政党助成は、①さまざまな結社の中から政党だけに、さらに、政党の中から交付を受ける資格の認められるものだけに交付されますから、これは当該「政党」を国家が「公認」することになります。これは、②政党立法一般の場合と同じように、大政党あるいは体制内政党を優遇し、新興政党及び小政党、あるいはまた反体制的政党をその優遇から排除してしまい冷遇、差別することを意味しています。これでは、③国家が上から議会制民主主義の運命を特定の「政党」だけに委ねることになりかねません。

第二に政党助成は政党に対する規制です。というのは、公金が交付されるので当然使途が制限され、あるいは党内の民主的手続きが要求されることになり、ここにおいて政党の財政的活動の自由が制限されることになるからです。もっとも、国民の監視を回避するために政党があえて使途を制限せず、あるいはまた民主的手続きを要求しない形で政党助成制度が導入されたとしても、政党助成は以下の点で政党への規制であると考えられます。

前述のように特権的性格を有する政党助成は、同時に、④政党を「資金中毒」にする一種の「麻薬」のような存在です。資金中毒患者の政党が同時にその医師となり、したがって政党は自己投薬を行なうことになるがゆえに、処方箋は常に「公的資金をなくさず、減らさず、維持せよ！」、最悪の場合は「もっと公的資金を！」ということになりかねません。⑤この「麻薬」は、政党内部の組織運営の在り方に影響を及ぼし、政党の執行機関に国家が資金を手渡すことを意味しており、国家が上から党内の官僚化と寡頭化の傾向を促進することに手を貸すものです。⑥この「麻薬」は、政党と公権力との密着を招き、政党が本来自由な団体であるという本質すら失わせる恐れがあり、政党が国民に根差し国民の利益や意見を国政に反映させるという、政党の媒介的機能を麻痺・毀損させることになります。⑦政党助成は、それが長期的に継続すれば、「政党の部分的な国有化あるいは国営化」、「国家と政党との同一化」を導くことになりかねないのです。

（2）結社（政党）の財政的自律権（＝収入の自由）に対する侵害

日本国憲法は国家などの公権力からの「結社の自由」を規定しており、この結社には当然、政党も含まれることになります（第21条）。したがって、「結社の自由」を保障することによって、公権力からの「政党の自由」についても日本国憲法はこれを保障していることになるのです。

「結社の自由」の保障には、第一に、人は、団体の結成・不結成、団体への加入・不加入、団体の成員の継続・脱退につき公権力による干渉を受けないこと、第二に、団体が団体としての意思を形成し、その意思実現のための諸活動につき公権力による干渉をうけないこと（団体自体の自由）が含まれることになります。

特にここで注目されるのは、第二の「団体自体の自由」であり、当然、政党の自律権が含まれることになります。この点につき1995年の最高裁判決も、政党には「高度の自主性と自律性を与えられて自主的に組織運営することのできる自由」が保障されていることを認めています（松崎哲久比例代表名簿登載者除名事件）

このような「政党の自律権」は当然、政党の財政面にも妥当します。つまり、**憲法の保障している結社の自由には財政面での国家からの自由、すなわち、財政的自律権が含まれている**のです。この財政的自律権は、政党の国家からの「収入の自由」及び「支出の自由」から構成されることになり、この財政自律権のうち政党助成金との関連で特に問題になるのは、「収入の自由」です。この自由は、政党の財政につき各政党の自律的決定に委ねられるのであって、公権力が原則としてそこに不当に介入しないことを憲法は要請しています。これによると、政党の財産を不当な没収等により公権力がそれを減額することが禁止されるだけではなく、不当な財産付与等により公権力がそれを増額することも禁止されることになります。

もっとも、このような私見に対しては、政党助成金の増額が各政党の意思を無視して強制的に交付する場合を指しており、各政党の自主的な判断に基づいて交付される政党助成の増額とは本質的にその意味を異にするから、私見は適切ではないとの反論がなされるかもしれません。

しかし、たとえ政党助成金を好ましくないと思っている政党であっても、それを受け取る政党との間で財政的ハンデキャップを負うことを恐れて「自主的に」受け取ることになるでしょう。たとえば、かつて、請求書を提出してこなかった第二院クラブが後に受け取ることになったという事実も、また、新党がぞくぞく誕生しているという事実も、〝受け取ることは政党の自由である〟と言うのが如何に名ばかりのものであるかを教示しています。したがって政党助成金の場合の「自主的」受け取りも、実質的には国家による「干渉・強制」に等しいのです。

この点は、すでに日本国憲法の「制定」が審議された際に意識されていたものと推測されます。**金森徳次郎・国務大臣（当時）**は、「伸びて行く政党は一つの生き物でありまして、之に対して人為的な制約を加えること」には「弊害も亦予想し得る」と述べ、そして、国家による「財政的考慮」についても、それが「下手をすれば角を矯めて牛を殺す」ことになり、「本当の政党の値打を削ぎ落すような結果」になるとの恐れを表明していたからです。この金森大臣の指摘は、「政党の自由」の一般原則から導き出されるところの「収入の自由」という憲法原則を表現するものと解されます。これによると、政党への干渉である政党助成は「政党の自由を危険にさらす」ものなのです。

（3）政党助成金の具体的形態における平等原則違反

次に、政党助成金（政党交付金）の具体的な形態が違憲であるという私見について説明します。

まず、政党交付金を受け取れる資格が平等原則に反しないかどうかが問題になります。政党助成法によると、政党のうち（a）国会議員５人以上有するもの、あるいは（b）国会議員を１人以上５人未満有し国政選挙（衆議院小選挙区選挙、衆議院比例代表選挙、参議院選挙区選挙、参議院比例代表選挙）のいずれかの選挙で得票率２％以上であるもの、この二つの要件のうちいずれかを充足したものでなければ政党交付金は交付されないことになっています。

つまり、政党助成法によると、第一に、政党助成の交付を受ける資格において、そもそも無所属の立候補者が排除されています。同じ選挙に参加しながら「政党」だけに特権が付与されており、「政党」の立候補者と無所属の立候補者との間で機会均等が保障されてはいないことになります。

第二に、議会外政党が完全に交付を受ける資格から排除されています。同じように国政選挙に参加する政党でありながら、交付金が交付されるものと、全く交付されないものとが生ずることになるわけですが、これでは、同じ政党の間で機会均等が保障されてはいないことになります。

第三に、無所属の議員が除外されているだけでなく、議会内政党であっても交付を受ける資格のないものが生じます。たとえば、国会議員１人で得票率２％のものと国会議員４人で得票率１・９％のものとの間には、本質的な相違があるとは思えないにもかかわらず、前者は交付金が交付され、後者は交付されません。この区別に合理性があるとは到底解され得ないでしょう。

以上のことからも明らかなように**「政党」の概念づけを通じて交付を受ける資格を制限している現行規定は、候補者間の機会均等原則および政党間の機会均等原則（憲法第14条）に違反しています。**

次に、政党助成法における配分額を決定する基準が平等原則に反しないかどうかが問題になります。政党助成法によると、「人口」を基準に政党助成の総額が算定され、それが「議員数割」と「得票数割」という選挙結果に基づいてそれぞれ2分の1ずつ配分されることになっています。そしてこれは衆議院議員総選挙と参議院議員通常選挙でそれぞれ2分され、さらに、それぞれ小選挙区選挙と比例代表選挙、選挙区選挙と比例代表選挙で2分されることになります。結局、4分の1ずつ、ということになります。このような形で「議員数割」と「得票数割」が政党助成の配分基準に採用されているのです。

しかし、ここにも重大な問題点があります。第一に、政党助成金の配分額を決定する基準としては選挙結果しか考えられないわけではありません。すべての政党に同額を配分する方式もあれば、政治資金の少ない政党に多くの政党交付金を配分する方法もあり得ます。

第二に、選挙結果を基準とする場合でも議員数割と得票数割の両者を採用する必然性はありません。得票数割だけでもいいし、「得票数割」ではなく「得票数」だけに比例して配分する方式もあり得ます。第三に、民意を歪曲する小選挙区選挙・選挙区選挙の結果を政党助成の配分基準は採用している点で大政党に異常に有利です。

したがって、現行の政党助成法は**大政党に有利な配分方式となっており平等原則に反しています。**

(4)「相対的上限」という「歯止め」の欠如問題

仮に政党助成金それ自体は違憲ではないとの立場に立ったとしても、すでに指摘したように現行制度は政党を国営政党化させている点で違憲であると考えるべきです。さらに言えば、「政治改革」

論議で議論された程度の、政党が公金に依存しすぎない「歯止め」を設けるべきであるとの立場に立っても、その程度の「歯止め」さえ存在しない現行制度は違憲であると帰結できます。

政治改革関連法案がいったん参議院で否決され、法案が廃案になると思われたときに法案の成立を強引に導いたのが、いわゆる「トップ会談」だったのですが、このとき初めて、政党の全収入のうち政党助成が占める割合の上限を40%にするという「歯止め」が登場しました（「政治改革基本要綱」1990年11月27日）。この上限は政党が国家に依存しないようにするために設けられたもので、**橋本龍太郎・自民党総裁**（当時。その後首相を経験）は、「それぞれの政党の前年収支実績の40パーセントという上限」につき次のように述べていました（橋本龍太郎『政権奪回論』講談社・94年）

「これを青天井にした場合、議員数による配分だけに頼れば、政党自らが集めた収入実績を上回る額の助成金を受け取る政党が出てきてしまう。政党が〝助成太り〟するようなしくみは、とても国民の理解は得られない」「政党の収支実績に応じて、『国民の税金から助成していただくのはこの限度まで』というルールはぜひ必要なことだと思う。逆に、こうしたルールがないと、政党が国の助成を受けることで発言権を失い、ひいては政党が『助成権者』である政府の支配を受けてしまうような事態になりはしないか」

これは「助成太り」する仕組みでは「発言権を失い」「政府の支配を受けてしまう」ということになるがゆえに40%という上限を超える政党助成は結社の自由の保障に反する、という趣旨でしょう。

ところが、政党助成法が制定される段階でこの40%の上限は緩和され、政党の全収入のうち政党交付金が「3分の2」を超えないよう、すなわち、自己調達資金が「3分の1」を上回るよう「交付限度額」が設けられました。これにつき**自治省行政局選挙課長は「政党の自主独立性」の保障のために「3分の2条項」が導入されたと解説**していました（自治省行政局選挙課長・大竹邦実「政治資金・公的助成について」白鳥令編『小選挙区制で政治はどうなるか』リバティ書房・1995年）。国会での審議においては、「今度の政党助成法は、その政党資金すべてあるいは活動の大部分を国庫で負担してもいいのかどうかという議論」において、「3分の2」で「やっぱり適当ではないか」と説明され、「過度のこの政府の助成金ばかりに依存する」ことが問題視されていました（「参議院政治改革に関する特別委員会」（94年3月2日）での「衆議院政治改革に関する特別調査委員長代理」の堀込征雄氏の説明）し、「余りにも政党助成というものに全面的に依存する政党がでることもおかしい」との説明もなされていました（同じく代理の細田博之の説明）

要するに「3分の2条項」は「政党の自主独立性」を確保するために設けられたものでした。この立場からすれば、政党助成それ自体は憲法違反ではないとしても、このような**上限を設けなければ政党が国庫に過度に依存し政党の自主独立性が保障されず憲法違反になる**、ということでしょう。

（5）政治的自己決定権の侵害

私見では、さらに、現行の具体的な政党助成法が国民（有権者・投票者）の基本的人権を侵害していると解されます。現行の政党助成法は、有権者の投票に基づいて、政党交付金の交付を受ける資格を画定すると同時に、当該政党への政党交付金の金額をも決定するシステムになっていますが、たとえ政党助成を採用すること自体が憲法上許容されるとしても、政党助成が選挙や選挙結果と結びつかなければならない必然性はどこにもありません。選挙とは無関係に政党助成を行なう方法も考えられるからです。政党助成金が選挙結果と結び付いているところに、現行の政党助成法における具体的人権侵害が指摘され得るのです。

前述のように衆参の選挙における有権者の投票を政党助成金の被交付資格や配分基準に流用する現行政党助成法の方式は、論理的には、投票した有権者がすべて自己の投票した「政党」を財政面でも支持することを前提にしています。確かに、①有権者の中には自己の投票した候補者の所属する「政党」に交付金を与えたいと思う者は存在することでしょう。

しかし、他方では、②自己の投票先の「政党」に政党交付金の交付を受ける資格を認めたくないと考える有権者、③自己の投票が投票先の「政党」への政党交付金の配分基準にされたくないと考える有権者、④選挙の投票先の「政党」(たとえばA党)とは異なる結社・政党(たとえばB党)に政党助成したいと考える有権者等も存在するでしょう。

にもかかわらず、現行政党助成法ではこのような人々に対して自己の投票が政党交付金の交付を受ける資格や配分基準として採用されることを拒否する途(みち)を一切認めてはいないし、投票先とは別の政党に助成する意思を表明する機会を保障し、それを政党交付金の配分の際に国家が尊重することも、全く行なわれてはいないのです。

日本国憲法は個人の尊重と幸福追求権を保障している第13条において自己決定権を保障しています。したがって、**現行の政党助成法は、政党助成を選挙制度とリンクさせているがゆえに、憲法第13条で保障されている政治的自己決定権を侵害している**、と結論づけられるのです。

以上のように、政党助成制度は基本的人権を侵害する違憲の制度です。したがって、**政党助成法は即刻廃止されるべきです。**

（6）議会制民主主義に反する制度

ところで、憲法学では、「憲法」の定義として「固有の意味での憲法」と「近代的な意味での憲法」があります。前者の憲法とは「国の在り方の基本を定める法」であり、このような憲法は、国家の存在するところでは、どこでも、どの時代でも、存在してきましたので、したがって、例えば中央集権の君主制（君主主権）で国民の権利・自由が十分保障されているとは言えない封建主義のもとでも、「国の在り方の基本を定める法」があれば、「固有の意味での憲法」は存在したことになります。

一方、1789年の「フランス革命」など、封建主義の絶対王政を否定した市民革命が起き、それまでとは本質的に異なる憲法観が誕生します。それが「近代的な意味での憲法」であり、国民主権、国家権力の制限［権力分立］、人権の思想に基づく権利・自由の保障という近代的諸原理に基づいたものでなければ憲法ではない、と考えられるようになります。これが〝近代憲法〟です。その後、自由放任主義の資本主義に矛盾が生じ、経済的自由を制限する修正資本主義へと移行すると、近代憲法が保障した自由権だけではなく社会権も保障する必要が生じ、社会権まで保障する憲法が誕生します。それは〝現代憲法〟と呼びます。

私は、民主主義についても同じように考えています。国民主権主義を採用すれば理論的には直接民主主義になりますが、国土が広く人口が多く国民の生活が多様化すると実際には直接民主主義を採用できないので、代議制（議会制）を採用するしかありません。とはいえ、議会制を採用するとしても、国民主権主義である以上、直接民主主義にできるだけ近いものでなければ、議会制民主主義とは言えません。

議会制民主主義と言えるためには、制度論としては、①単に議会があるだけでもダメですし、選挙があっても制限選挙ではダメなことは明らかであり、**普通選挙を採用すること**は当然です。とはいえ、それだけでは不十分です。民意が議会に正確・公正に反映される選挙制度が採用されなければなりません。

したがって、②**衆議院でも参議院でも無所属も立候補できる完全比例代表制を採用すること**が要請されます。また、③主権者国民は選挙運動を自由に行えなければ選挙は形だけのものになっていましますし、**自由な選挙運動**は基本的人権として保障されるべきです。

さらに、主権者国民が政治や行政について重要な情報を知らなければ、主権者国民は紙に描いた餅にすぎませんし、基本的人権として「知る権利」が保障されなければなりませんから、④**公文書管理や情報公開が適正に制度化されている必要があります。**

最後に、**政治や選挙を不公正に左右し、民意を歪曲する政治資金制度を採用することも許されません。**

日本国憲法は議会制民主主義を要請しているので、以上のことを要請していることになりますし、以上のことが法律で実現しなければ、制度として議会制民主主義であるとは評しえないのです。

しかし、現行の諸法律は必ずしも議会制民主主義に相応しい内容になっていないのです。

具体的に言えば、公選法は、日本国憲法の普通選挙を採用していますが、選挙制度としては、民意を歪曲する違憲の衆議院小選挙区選挙・参議院選挙区選挙が採用されており（参照、上脇博之『ここまできた小選挙区制の弊害』あけび書房、2018年）、選挙運動の原則自由に反し、戸別訪問を禁止するなど、違憲の「べからず選挙法」となっています。また、公文書管理法や情報公開法は制定されているものの、知る権利は明記されていませんので不十分です。さらに、政治資金規正法では、株主の思想・信条を侵害する企業の政治献金が禁止されず許容されています（参照、上脇博之『財界主権国家・ニッポン』日本機関紙出版センター、2014年、同『告発！政治とカネ』かもがわ出版、2015年）し、違憲の政党助成法も存在しています。

したがって、日本の法律では、いまだに議会制民主主義が実現していない途上国なのです。日本を議会制民主主義にするために日本国憲法の要請する方向に法律改正すべきです。政党助成法の廃止はその一歩なのです。

（7）1994年「政治改革」の本音

1994年「政治改革」は、その前にリクルート事件やゼネコン汚職事件などが発覚し、それに対処することを建前にしていましたが、本音はそれを口実にして、米国や経済界の要求に応えた国家改造（新自由主義と新保守主義）を実現するためのものでした。

「政治改革」が強行されたため、1994年には、憲法「改正」（改悪）論が主張され始めました。例えば、経済同友会は、「『必要最小限の自衛力の保持とその国際的平和維持・救援活動への貢献』を、国民と国際社会の理解を得るためにわかりやすい形で法制化すべきであるとの結論」を披露し、かかる法制化の手段として、①憲法9条の明文改憲、②現9条への修正9条の併記、③現憲法9条の規定を維持し「安全保障基本法（仮称）」といった法律により定めるという三つの考え方を紹介しました（経済同友会『新しい平和国家をめざして』1994年7月）

また、「読売新聞」は、日本国憲法を全面改正する試案を新聞紙面で発表しました。この試案には「日本国は、自らの平和と独立を守り、その安全を保つため、自衛のための組織を持つことができる」とする規定（第11条第1項）が盛り込まれており、紙面は、「これにより、わが国が個別的、集団的両自衛権を保持していることが、より一層、明確になろう」と解説していました（読売新聞1994年11月3日）

つまり、「政治改革」が実現したことで、改憲を党是とする自民党などの保守政党が財界からの政治献金と税金を原資とした政党交付金で党の財政を十分賄い、小選挙区選挙により過剰代表され、3分の2以上の議席を獲得することになれば、米国の戦争に参戦するための9条改憲も実現可能になると判断して、経済界や「読売新聞」は改憲を明確に主張し始めたのです。言い換えれば、憲法「改正」のためにも「政治改革」が強行されたわけなのです。

要するに、**憲法違反の企業献金を存続させ、憲法違反の政党助成金と憲法違反の小選挙区選挙を導入し、それらの効果のお陰で、違憲・無効な憲法改悪を可能にしようとして「政治改革」が強行されたの**です（上脇博之『安倍「4項目」改憲の建前と本音』日本機関紙出版センター・2018年）

（8）菅自民党・政権に継承された安倍自民党・政権の政治体質

また、「政治改革」のお陰で、自民党と公明党の連立政権は、**福祉国家を否定した新自由主義政策**を強行し、いわゆる民営化を推進し、**ワーキングプア**を生み出し、日本社会を**格差社会**にしてきました。また、特に安倍政権の下では、**国民の多くが反対する憲法違反の戦争法の制定**が強行されました（参照、上脇博之『追及！民主主義の蹂躙者たち』日本機関紙出版センター・2016年）し、安倍自民党は従来の保守政党の枠を逸脱して右傾化し、そして、私物化政治を強行し、それを隠蔽するために公文書の改竄・廃棄により国民の「知る権利」を侵害して政権の座に居座り続けてきました（参照、上脇博之『忘れない、許さない！　安倍政権の事件・疑惑の総決算とその終焉』かもがわ出版・2020年）。明らかに国民主権の政治・行政とは許し難い異常な政治・行政であり、**独裁政治**と評しても言い過ぎではないでしょう。

安倍氏が首相を辞任すると表明してから3日後の8月31日、安倍首相を支え続けた菅義偉官房長官は、最大派閥・細田派を率いる細田博之元幹事長、参院自民党や竹下派（54人）に強い影響力を持つ青木幹雄元参院会長と会談し、青木氏に「安倍政権の路線を継承する」と述べ（「菅氏優位、細田・麻生両派が支持　総裁選、顔ぶれ固まる」朝日新聞社2020年8月31日21時10分）、党総裁選への立候補を表明した9月2日の記者会見でも「安倍総裁が全身全霊をかけてすすめてこられた取り組みをしっかり継承し、さらに前に進めるために私の持てる力をすべて尽くす覚悟だ」と述べました（「菅氏、総裁選への出馬を表明『持てる力をすべて尽くす覚悟』」毎日新聞2020年9月2日17時16分）

その菅氏が9月14日の自民党総裁選で圧勝し、同月16日の臨時国会で菅内閣が誕生しました。本書2編で論述するように議会制民主主義に反する制度のお陰で、国民主権主義に反する政治・行政が強行されていましたが、その危険性は、少なくとも政権交代が実現するまで今後も継続しそうです。それを許してはなりません。政権交代を実現し、現行の政党助成法は、小選挙区選挙とともに廃止されるべきなのです。

（9）自民党も政党助成が違憲と考えている

実は、自民党は、政党助成について憲法違反だと考えているようです。というのは、自民党が2012年に策定した「日本国憲法改正草案」は、「政党」について「結社」とは別の条文、それも、統治機構の章（国会の章）に一つの条文を設け、「国は、政党が議会制民主主義に不可欠の存在であることに鑑み、その活動の公正の確保及びその健全な発展に努めなければならない」と定め（第64条の2第1項）、この条項につき、自民党「日本国憲法改正草案Q＆A」（「Q23の答」）は、「憲法にこうした規定を置くことにより、政党助成や政党法制定の根拠になると考えます」と解説しているからです（詳細は上脇博之『日本国憲法の真価と改憲論の正体』（日本機関紙出版センター・2017年を参照）。

政党助成が憲法違反だと考えているからこそ自民党は上記の改憲を構想しているのでしょう。もし違憲ではないと考えているのであれば、上記のような改憲を構想して、それが「政党助成の根拠になる」などと解説するはずがないからです。つまり、**自民党は違憲の政党助成を「合憲」にするために改憲を構想している**のです。

第3章　政党助成廃止までの過渡的改革案

第1節　制度そのものの改革案

(1) 国民投票としての「政党財政投票」制度

現在の国会において政党助成法の廃止を唱える勢力は、政党としては日本共産党だけであり、残念ながら多数派を占めてはいません。したがって、同法の廃止は政治的には、そう簡単ではありません。とはいえ、現行法をこのまま通用させておくべきではありません。したがって、現行制度の重大な問題点を指摘し、その抜本的改革の必要性を主張することで「政党」にも国民にも現行制度の問題点を認識してもらうしかないでしょう。そのためにも、**廃止に至るまで一定の改革論**を具体的に提示することも必要なことでしょう。

まず、廃止の可能性も含んでいる大きな改革案を複数提案しておきましょう。政党助成法は政党交付金の総額について施行後5年を経過したら「見直しを行うものとする」と規定しています（附則第6条）から、総額を見直すことは政党助成全体を見直すことにつながるはずであり、かつ既存の「政党」が私見の指摘する人権侵害など多くの問題点を少しでも改善し、政党助成との導入理由との整合性を持たせることを目指すのであれば、次のような改革案が考えられます。

その**改革案の第一**は、**「政党財政のための投票」を毎年行い、各政党の受け取る公金額を、その各政党の実際の得票数に250円を乗じて算出するようにし、かつ、有権者約1億人の過半数がその**

投票を有効に行わなかった場合（無効票を除く有効投票が有権者数の過半数に達しなかった場合）には、政党助成金制度は自動的に廃止される、というものです。これは、主権者国民の投票に法的拘束力をもたせ、政党助成制度に対する主権者国民の拒否権行使の機会を保障することにもなります。

これに対し、日本国憲法は国会を「国の唯一の立法機関」と規定し（第41条）、「法律案は……両議院で可決したとき法律」となり、「衆議院で可決し、参議院でこれと異なつた議決をした法律案は、衆議院で出席議員の3分の2以上の多数で再び可決したときは、法律となる」と定めている（第59条第1項・第2項）ので、せいぜい国会で判断する判断材料としての意味（助言的あるいは諮問的意味）での国民投票を認めるにとどまり、国民投票に法的拘束力をもたせることは、日本国憲法が許容してはないのではないかとの批判が予想されます。しかし、それは日本国憲法の立場を誤解したものです。

私も、「すべての法律案について国民投票に付され賛成多数でければ法律が成立しない」という立場ではありませんし、また、常に法律の制定・改廃には国民投票を付すべきである」という立場でもありません。しかし、日本国憲法は、「一の地方公共団体のみに適用される特別法は、法律の定めるところにより、その地方公共団体の住民の投票においてその過半数の同意を得なければ、国会は、これを制定することができない」として直接民主制的制度（憲法第95条）を明記していますし、国民主権である以上、主権者国民は権力を行使できるはずです。また、憲法第41条における「国の唯一の立法機関」の意味は全ての国家機関の中で「唯一」国会が立法機関であるということであり、主権者国民自らが立法することや立法に参加することを一切排除しているわけではないでしょう。憲法第59条第1項も両院での可決を法律制定の必要条件と規定しているのであって常に十分条件と規定しているわけではないと解されます。

したがって、法律の制定・改廃において国民投票を付し、それに法的効力を持たせたとしても、それは憲法が許容しており、憲法違反ということにはならない、と解する立場が妥当です。

この立場からすれば、**有権者約1億人の過半数がその投票を有効に行わなかった場合には、政党助成金制度は自動的に廃止されるという私案は、憲法上許容されることになります。**

とはいえ、それでも、「国民が情緒的な判断をする恐れもあるので1回の政党財政投票結果に法律の廃止の効力をもたせることに問題がある」というのであるならば、**第2案**として、**国民の情緒的な判断をできるだけ防止する意味で、2年連続国民の過半数の有効投票が得られない場合のみ政党助成金制度の廃止を認める**という案も考えられます。

それでも、法律を国民投票によって廃止することが憲法上許容されないというのであれば、**第3案として、せめて国民の過半数の有効投票がなければ当該年のみ政党交付金の交付を中止する（法律の執行停止）**にとどめ、毎年投票し続ける案を採用されるべきです。この場合、**「政党財政のための投票」に要する国費の支出が無駄であるとの批判が噴出すれば、各「政党」は政党助成金制度の廃止を決断せざるを得なくなるでしょう。**

（2）選挙結果流用維持のもとでの改革案

以上の3案は、「政党財政のための投票」を導入する案ですが、その投票に国費がかかるので採用し難いというようであれば、衆参の選挙結果を流用する現在の政党助成度を維持した上での改革案を考案せざるを得ないでしょう。

そこで、**第４案**として、少なくとも、**民意を歪曲する、衆議院の小選挙区選挙と参議院の選挙区選挙を廃止し、無所属の個人の立候補を保障した完全比例代表選挙に改革すべき**です。これは議会制民主主義を実現する大きな一歩にもなります。この案だと、「政党助成金」（政党交付金）ではなく、「政治助成金」（政治交付金）と名称も変更されることになります。この場合であっても、年間の総額については、これまでどおり２５０円に人口数を乗じて算出する方法を維持することが考えられます。

もっとも、民意をもっと反映すべきだとして、**各政党・各候補者個人の得票数の変動に比例して「政治助成金」（政治交付金）の金額も変動する案も考えられます。これが第５案**です。そうすれば、一応民意はより正確・公平に配分額に反映されます。これについては、すでに２０２０年の場合を例に試算しました（「２０２０年分政党交付金の交付決定額と比例試算額」を参照）。それによると、２０２０年の政党交付金の年間総額３１７億７０００万円強は、１２０億２０００万円弱に減ります。その中で、とりわけ自民党は１７２億６０００万円超から46億８０００万円へと減ることになります。

第2節　基金の廃止と使途の透明化の徹底

（1）返還逃れの基金の廃止と政治団体・個人への寄付の禁止を！

ところで、地方議会の会派・議員の公的活動のために交付されている政務活動費（以前は政務調査費）の原資も税金です。以前であれば、政務活動費に残金が生じても返還されないのが一般的でしたが、各地の市民オンブズマン等、市民の監視活動の成果もあって、今では、残金返還は常識になっています。政党助成金（政党交付金）は政治助成金（政治交付金）になっても、地方議会に政務活動費とは性質を異にしますが、年間の残金は原資が税金である以上、必ず国庫に返還させるべきです。

現行の政党助成法では、残金の国庫返還が原則であり、例外として「政党基金」「支部基金」が認められ、事実上の返還逃れ（事実上の繰越）が可能で、それが常態化しており、原則と例外が逆転しています。

そこで、**例外としての「政党基金」「支部基金」は認めるべきではなく廃止して、政党助成金・政治助成金の残金は全額国庫に返納させるよう至急法律を改正すべきです。**

それをより確実にするためには、**政党助成金・政治助成金の交付を受けている政党等**（前記の改革がなされれば政党以外も。以下同じ）**は、その他のものへ寄付することを禁止する必要があります。**

禁止しなければ、国庫への返還逃れをするために、他の者へと寄付するからです。

従来、政党交付金を受領した党本部や党支部は、政治団体に対し寄付してしまい、政党交付金を受領する資格のない政治団体が政党交付金を受領してきました。これは、政党交付金の残金の返還

政党交付金の使途の明細の記載および領収書の写しの添付の基準と国会議員関係政治団体の政治資金の支出のそれ

		政党本部、政党支部の政党交付金	国会議員関係政治団体の政治資金
経常経費	人件費	×	×
	光熱水費	×	1万円超
	備品・消耗品費	5万円以上	1万円超
	事務所費	5万円以上	1万円超
政治活動費	組織活動費などの各項目	5万円以上	1万円超

逃れを可能にしていますし、また、政党助成法が政党交付金を受領する資格を「政党」に限定する趣旨に反してもいます。したがって、**政党助成金・政治助成金を受領する資格のない政治団体等に対する政党助成金・政治助成金の寄付については、法律で禁止すべきです。また、その場合の寄付については、政党助成金・政治助成金そのものの寄付だけではなく、それ以外の政治資金の寄付も含めて禁止すべきです。**カネに色がついていない以上、両者を分ける必要はないからです（政党助成金・政治助成金を受け取っていない政治団体は寄付の禁止は必要ありません）

さらに、**政党助成金・政治助成金を受け取っている政党等の場合、選挙運動資金として公職の候補者（個人）あるいはその選対への寄付も禁止すべきです。**その寄付は、選挙運動資金であれば、公職選挙法に基づき選挙運動費用収支報告書に記載されますが、政党助成金・政治助成金を受領する資格のない公職の候補者やその選対がそれを受領できるのは、政党助成金・政治助成金の趣旨に反するからです。この場合の寄付についても、政党助成金・政治助成金そのものの寄付だけではなく、それ以外の政治資金の寄付も含めて考えるべきです。

選挙運動資金ではない政治資金の場合、政治資金規正法によると「政党」が公職の候補者（個人）に寄付することを許容していますが、すでに指摘したように、受領した公職の候補者は資金管理団体を含め、どこにも収支報告せず、使途不明金になっている（違法）ので、「政党」がその法解釈・運用を改善しないのであれば、**政治資金規正法を改正して政党が公職の候補者に寄付することを禁止すべきです。**そうすれば、制度としては、使途不明金をなくすことが可能になります。

（２）支出の透明性を高める法律改正を！

そこで支出の透明性を高める、更なる法律改正の必要性についても提案しておきます。

その**第一は、「人件費」と「光熱水費」の各支出の透明性を高めるべき**です。政党助成法によると、「人件費」と「光熱水費」の各支出については、いつ、誰に、いくら支払ったという明細を記載することは義務づけられてはいません。しかし、政党交付金・政治交付金の原資が税金であることからすれば、それは極めて問題です。

例えば、地方自治法によると、「普通地方公共団体は、……議会の議員の調査研究その他の活動に資するため必要な経費の一部として、その議会における会派又は議員に対し、政務活動費を交付することができる」と定められていますが、それとともに、「政務活動費の交付の対象、額及び交付の方法並びに当該政務活動費を充てることができる経費の範囲は、条例で定めなければならない」と定められてもいて（第１００条第14項）、これに基づき、都道府県・市町村の各政務活動費条例は、「政務活動費の交付の対象、額及び交付の方法」「政務活動費を充てることができる経費の範囲」を定めています。同法は、「政務活動費の交付を受けた会派又は議員は、……政務活動費に係る収入及び支出の報告書を議長に提出するものとする」「議長は、……政務活動費については、その使途の透明性の確保に努めるものとする」とも定めている（同条第15項・第16項）ので、都道府県・市町村の各政務活動費条例は、政務活動費の使途の報告と公表を実施しています。

したがって、政務活動費を「人件費」や「光熱水費」に支出した場合、領収書等でその明細がわかるようになっているのが進歩的な条例です。政務活動費については、これまで目的外出が相次ぎ、納税者・住民がその使途をチェックする必要がありますし、議員も会派も公的な存在であり、税金を「人件費」や「光熱水費」に充てている以上、その明細を報告させるのは当然のことです。

政党助成金・政治助成金は政党等の公的な活動のために限定されず私的な政治活動・選挙活動のためにも支出できますが、その原資が税金であるし、それを「人件費」や「光熱水費」に支出しなければならないわけでもなく、各政党等の判断に委ねられている以上、**政党等がそれを「人件費」や「光熱水費」に支出した場合には、その政党等は、その明細を使途報告書に記載するよう法律を改正すべきです。**

この私見に対しては、特に「人件費」の場合、公務員でもない職員のプライバシーを根拠に反対の意見もあるでしょうが、その理由で明細を公表したくないのであれば、「人件費」については政党交付金以外の政治資金から支出すればいいのです。政治資金規正法では「人件費」については年間の支出合計額を記載すればよく、明細を記載することは義務づけられていないからです。

支出の透明性を高めるために法律改正すべき第二としては、**明細を記載する基準を政治資金規正**

法の「国会議員関係政治団体」と同じに引き下げることです。

政党助成法では、政党交付金の使途につき明細を記載する基準が1件につき「5万円以上」とされていますが、政治資金規正法における「国会議員関係政治団体」と同じ「1万円超」へと引き下げて、それは前述の「人件費」や「光熱水費」も含め全ての使途項目で同じ「1万円超」にし、かつ、「1万円以下」の政党助成金・政治助成金の支出については「国会議員関係政治団体」以外でも政治資金規正法の少額領収書の開示制度を採用すべきです。

第三の提案としては、**総務省が提出を受けホームページで公表した各政党交付金使途報告書は印刷できないので、アクセス者が各自印刷できるよう法律改正すべきです。**現在、総務省や都道府県選挙管理委員会のホームページで公表されている政治資金収支報告書はアクセス者が印刷できます。ところが、総務省は、提出を受けた各政党交付金使途報告書をホームページで公表しているので、インターネットエクスプローラーを利用すれば「閲覧」できます（政党助成法第32条第4項・第5項）が、閲覧できた政党交付金使途報告書は印刷することはできません。政党交付金使途報告書を入手しようとすると、情報公開請求し開示を受けるしかないのです。政党助成金・政治助成金の使途報告書についても、現在の政治資金収支報告書と同じようにアクセス者が各自印刷できるように法律改正されるべきです。

最後の提案としては、現行の政党助成法では、各政党交付金使途報告書が提出されても、その要旨が公表されない限り、情報公開請求しても開示決定がなされないようになっているので（第32条の2第1項・第2項）、その定めを廃止し、**要旨の公表（毎年9月末）前であっても、提出された政**

党交付金使途報告書は公文書である以上、情報公開法に基づき当然開示されるように法改正されるべきです。この点は現行の政治資金規正法でも同様で、政治資金収支報告書の要旨が公表されない限り開示決定されないので、同様に法改正されるべきです。

上記の定めは政党助成法が制定された時点ではありませんでしたが、２００６年12月に、国家主権（〝国家の独立性〟）を侵害する外資系企業の政治献金を解禁するという政治資金規正法の改悪がなされたとき同時に当該定めが挿入され改悪されたのです（上脇博之『財界主権国家・ニッポン』日本機関紙出版センター・２０１４年）。ですから、私は改悪前に戻すことを提案しているだけなのです。

おわりに

本書第1編第1節で取り上げた河井議員夫妻「多数人買収」事件の刑事裁判については、①河井案里参議院議員の元公設第2秘書の有罪は確定。②すでに結審した案里議員の裁判は本書が出版される直前の1月21日に東京地裁で判決が下されたことでしょう。③同じく結審した、元法務大臣の河井克行衆議院議員の元政策秘書の裁判も、本書出版直後の2月16日に広島地裁で下されます。④克行議員の刑事裁判は今年中に東京地裁で結審し判決が下されることでしょう。

この事件は、自民党本部が通常の10倍もの政治資金を投入した結果引き起こされた「多数人買収」事件で、その政治資金には政党交付金も含まれている党本部主導選挙の買収事件でした。つまり、当時の安倍晋三首相（自民党総裁）・菅義偉官房長官（現在の首相）・二階俊博幹事長の3人が案里氏を候補者として公認し巨額の政治資金の投入を決めたのです。にもかかわらず、この3人を含め党本部に強制捜査は及んではないようで、その報道はありません。

また、この3人は説明責任を果たされないままですし、誰一人何らの政治責任をとってもいません。究極の無責任状態です。これでは、主権者は踏んだり蹴ったり状態です。政権政党が主権者国民に責任をとらなければ、私たち主権者は名ばかり主権者です。

自民党が自浄能力のない無責任政党になり続けてきたのは、憲法違反の衆議院小選挙区選挙・参議院選挙区選挙と政党助成のお陰で、衆参国政選挙において過剰代表され勝利し続けてきたからです。反省も自浄能力もない政党が政権に居座り続ける限り、私たち主権者は、名ばかり主権者のままです。

今年は秋までに必ず衆議院総選挙が行われますし、来年夏は参議院通常選挙が行われます。私たち主権者が名実ともに主権者になれる大きなチャンスです。私たちが名実ともに主権者になれば、衆参国会は議会制民主主義の実現に向けて、政党助成金の制度改革に取り組む国会へと生まれ変わる可能性も生まれのです。大きなチャンスを活かす投票をし、真の主権者になりましょう。

【著者紹介】

上脇　博之（かみわき ひろし）

1958年7月、鹿児島県始良郡隼人町（現在の霧島市隼人町）生まれ。鹿児島県立加治木高等学校卒業。関西大学法学部卒業。神戸大学大学院法学研究科博士課程後期課程単位取得。日本学術振興会特別研究員（PD）、北九州市立大学法学部講師・助教授・教授を経て、2004年から神戸学院大学大学院実務法学研究科教授、2015年から同大学法学部教授。

専門は憲法学。2000年に博士（法学）号を取得（神戸大学）。

憲法運動、市民運動の分野に参加しながら現在、「政治資金オンブズマン」共同代表、公益財団法人「政治資金センター」理事など。
◆研究書・単著
『政党国家論と憲法学』（信山社、1999 年）
『政党助成法の憲法問題』（日本評論社、1999 年）
『政党国家論と国民代表論の憲法問題』（日本評論社、2005 年）
◆共著
播磨信義・上脇博之・木下智史・脇田吉隆・渡辺洋編著『新どうなっている!?　日本国憲法〔第2版〕〔第3版〕』（法律文化社、2009 年、2016 年）など。
◆一般向けブックレット（近年のもの）
『追及！ 民主主義の蹂躙者たち』（日本機関紙出版センター、2016 年）
『追及！ 安倍自民党・内閣と小池都知事の「政治とカネ」疑惑』（同、2016 年）
『日本国憲法の真価と改憲論の正体』（同、2017 年）
『ここまできた小選挙区制の弊害』（あけび書房、2018年）
『内閣官房長官の裏金』（日本機関紙出版センター、2018年）
『安倍「4項目」改憲の建前と本音』（同、2018年）
『逃げる総理 壊れる行政－追究 !!「桜を見る会」&「前夜祭」』（同、2020年）
『忘れない、許さない！ 安倍政権の事件・疑惑総決算とその終焉』（かもがわ出版、2020年）など。
◆一般向け共著
坂本修・小沢隆一・上脇博之『国会議員定数削減と私たちの選択』（新日本出版社、2011 年）。

冨田宏治・石川康宏・上脇博之『いまこそ、野党連合政権を！』（同、2020年）

政党助成金、まだ続けますか？

安倍自民党本部主導選挙・河井議員夫妻の「1億5千万円買収事件」から

2021年２月10日　初版第１刷発行

著者　上脇博之
発行者　坂手崇保
発行所　日本機関紙出版センター
〒553-0006　大阪市福島区吉野3-2-35
TEL 06-6465-1254　FAX 06-6465-1255
http://kikanshi-book.com/　hon@nike.eonet.ne.jp
本文組版　Third
編集　丸尾忠義
印刷・製本　日本機関紙出版センター

ISBN 978-4-88900-991-0